찰리, 해리와 함께하는
배드민턴
레슨 다이어리

찰리, 해리와 함께하는 배드민턴 레슨 다이어리

발행일	2024년 9월 23일		
지은이	이석근		
펴낸이	손형국		
펴낸곳	(주)북랩		
편집인	선일영	편집	김은수, 배진용, 김현아, 김부경, 김다빈
디자인	이현수, 김민하, 임진형, 안유경	제작	박기성, 구성우, 이창영, 배상진
마케팅	김회란, 박진관		
출판등록	2004. 12. 1(제2012-000051호)		
주소	서울특별시 금천구 가산디지털 1로 168, 우림라이온스밸리 B동 B111호, B113~115호		
홈페이지	www.book.co.kr		
전화번호	(02)2026-5777	팩스	(02)3159-9637
ISBN	979-11-7224-267-1 13690 (종이책)		979-11-7224-268-8 15690 (전자책)

잘못된 책은 구입한 곳에서 교환해드립니다.
이 책은 저작권법에 따라 보호받는 저작물이므로 무단 전재와 복제를 금합니다.
이 책은 (주)북랩이 보유한 리코 장비로 인쇄되었습니다.

(주)북랩 성공출판의 파트너

북랩 홈페이지와 패밀리 사이트에서 다양한 출판 솔루션을 만나 보세요!

홈페이지 book.co.kr • **블로그** blog.naver.com/essaybook • **출판문의** book@book.co.kr

---

작가 연락처 문의 ▶ ask.book.co.kr

작가 연락처는 개인정보이므로 북랩에서 알려드릴 수 없습니다.

찰리, 해리와 함께하는

배드민턴 레슨 다이어리

기본기와 디테일로 완성하는 배드민턴의 정석

이석근 지음

배드민턴, 처음 3년이 실력을 결정한다.
독하게 배워 제대로 써먹는 배드민턴 실전 팁!

북랩

들어가는 말

배드민턴은 스윙과 스텝이다

배드민턴에 입문하면 웨스턴 그립과 이스턴 그립, 이스턴 그립에서 포핸드 그립과 백핸드 그립을 통해서 손가락, 손목 및 전완근의 감각과 힘이 배드민턴 라켓 그립으로 다양한 각도와 셔틀콕에 가할 수 있는 반발력을 조절하며 트레이닝한다.

간혹 고수를 만나면 셔틀콕은 항상 빈 공간에 닿을 수 없는 한 치 앞에 떨군다. 그렇다! 우리는 오른손에서 포핸드(회내 운동), 백핸드(회외 운동) 그립으로 셔틀콕을 타격하며 오른발 스텝 진행을 완성한다. 그렇다면 왜 빈 공간을 고수에게 빼앗기는 걸까?

"스텝의 비거리가 짧아서"

그래서 스텝의 비거리를 늘리려면 왼발의 스타트가 중요하다. 오른발의 탄력은 왼발의 부스터로 시작된다. 이때, 왼발은 크게 바닥을 딛고 힘차게 밀어서(스플릿 스텝) 오른발 스텝의 비거리를 늘리면 한 단계 발전된 본인의 모습을 보게 될 것이다.

이제 시작하는 여러분들의 배드민턴을 항상 응원합니다.

※ 이 책은 오른손 라켓 그립을 기본으로 설명했습니다.

 **차례**

들어가는 말   4

제1장

1. 그립감   16
2. 웨스턴 그립과 이스턴 그립   18
3. 준비 그립   20
4. 척골(자뼈)과 요골(노뼈), 전완근   21
5. 회내 운동(포핸드 그립)과 회외 운동(백핸드 그립)   23

제2장

1. 준비 자세   26
2. 스플릿 스텝(상대 움직임에 대한 본인의 반응)   27
3. 준비 그립의 그립 전환(손가락 파지법)   28
4. 홈 포지션, 탑 앤드 백 포메이션, 사이드 바이 사이드 포메이션   31
   1) 홈 포지션(Home Position)   31
   2) 탑 앤드 백 포메이션(T & B Formatiom)   32
   3) 사이드 바이 사이드 포메이션(S by S Formation)   33
       ※ 풋 워크를 준비하는 포지션   34

제3장

1. 하이 클리어 — 36
2. 좌우 전위 진행 헤어핀 — 39
3. 좌우 전위 진행 푸시 — 44
4. 좌우 전위 진행 드라이브 — 48
5. 좌우 전위 진행 언더 클리어 — 54
6. 하이 클리어 — 59
    1) 우측 후위 진행 포핸드 하이 클리어 — 59
    2) 좌측 후위 진행 포핸드 하이 클리어 — 62

제4장

1. 배드민턴 경기 운영 방식(21점 득점제) — 66
2. 배드민턴 복식 서비스 — 70
3. 배드민턴 복식 스코어 — 72
4. 공격 대형에서 로테이션 — 77
5. 수비 대형에서 로테이션 — 82

제5장

1. 배드민턴 라켓과 셔틀콕 — 88
2. 배드민턴 코트 규격 — 91

제6장

1. 스매싱   94

2. 직선 전위 진행 헤어핀 & 직선 후위 진행 하이 클리어   97
   1) 우측에서 직선 전위 진행 포핸드 헤어핀 & 직선 후위 진행 하이 클리어   97
      (1) 우측(RS)에서 후위 진행(3보 런닝 스텝) 하이 클리어   98
      (2) 우측에서 전위 진행(5보 런닝 스텝) 헤어핀   99
      (3) 우측에서 후위 진행(5보 런닝 스텝) 하이 클리어   100

   2) 좌측에서 직선 전위 진행 백핸드 헤어핀 & 직선 후위 진행 하이 클리어   101
      (1) 좌측(LS)에서 후위 진행(3보 런닝 스텝) 하이 클리어   101
      (2) 좌측에서 전위 진행(5보 런닝 스텝) 백핸드 헤어핀   103
      (3) 좌측에서 후위 진행(5보 런닝 스텝) 하이 클리어   104

3. 직선 전위 진행 푸시 & 직선 후위 진행 스매싱   105
   1) 우측에서 직선 전위 진행 포핸드 푸시 & 직선 후위 진행 스매싱   105
      (1) 우측(RS)에서 후위 진행(3보 런닝 스텝) 스매싱   106
      (2) 우측에서 전위 진행(5보 런닝 스텝) 푸시   108
      (3) 우측에서 후위 진행(5보 런닝 스텝) 스매싱   109

   2) 좌측에서 직선 전위 진행 백핸드 푸시 & 직선 후위 진행 스매싱   110
      (1) 좌측(LS)에서 후위 진행(3보 런닝 스텝) 스매싱   110
      (2) 좌측에서 전위 진행(5보 런닝 스텝) 백핸드 푸시   112
      (3) 좌측에서 후위 진행(5보 런닝 스텝) 스매싱   113

제7장

1. 좌우 사이드 스텝 푸시   **116**
   - (1) 우측 전위 진행(런닝 스텝) 푸시   **117**
   - (2) 좌측 후위 진행(사이드 스텝) 백핸드 푸시   **117**
   - (3) 우측 전위 진행(① 피벗 스텝, ② 사이드 스텝) 푸시   **118**

2. 좌우 원 점프 스매싱   **120**
   1) 오른발 원 점프 스매싱   **120**
      - (1) 우측으로 오른발 원 점프 스매싱   **121**
      - (2) 좌측 진행(사이드 스텝)   **122**

   2) 왼발 원 점프 스매싱(라운드 스윙)   **123**
      - (1) 좌측으로 왼발 원 점프 스매싱(라운드 스윙)   **123**
      - (2) 우측 진행(사이드 스텝)   **124**

3. 좌우 전위 진행 푸시 & 대각 후위 진행 후 원 점프 스매싱   **125**
   1) 우측 전위 진행 포핸드 푸시 & 대각 후위 진행 후 좌측으로 왼발 원 점프 스매싱(라운드 스윙)   **125**
      - (1) 우측 전위 진행(런닝 스텝) 푸시   **126**
      - (2) 좌측 후위 진행(사이드 스텝)   **126**
      - (3) 좌측으로 왼발 원 점프 스매싱(라운드 스윙)   **127**
      - (4) 우측 진행(사이드 스텝)   **128**

   2) 좌측 전위 진행 백핸드 푸시 & 대각 후위 진행 후 우측으로 오른발 원 점프 스매싱   **129**
      - (1) 좌측 전위 진행(런닝 스텝) 백핸드 푸시   **130**
      - (2) 우측 후위 진행(피벗 스텝)   **130**

(3) 우측으로 오른발 원 점프 스매싱   131

(4) 좌측 진행(사이드 스텝)   132

4. 좌우 전위 진행 푸시 & 직선 후위 진행 후 좌우 원 점프 스매싱   133

1) 우측 전위 진행 포핸드 푸시 & 직선 후위 진행 후 오른발 원 점프 스매싱   133

(1) 우측 전위 진행(러닝 스텝) 푸시   134

(2) 오른발 4시 방향 피벗 스텝   134

(3) 후위 진행 오른발 원 점프 스매싱   135

(4) 좌측 진행(사이드 스텝)   136

2) 좌측 전위 진행 백핸드 푸시 & 직선 후위 진행 후 왼발 원 점프 스매싱

(라운드 스윙)   137

(1) 좌측 전위 진행(러닝 스텝) 백핸드 푸시   137

(2) 왼발 8시 방향 피벗 스텝   138

(3) 후위 진행 왼발 원 점프 스매싱   139

(4) 우측 진행(사이드 스텝)   139

제8장

1. 좌우 후위 진행 스매싱 & 직선 전위 진행 드라이브   142

1) 우측 후위 진행 스매싱 & 직선 전위 진행 포핸드 드라이브   142

(1) 우측 후위 진행(러닝 스텝) 스매싱   143

(2) 전위 진행(러닝 스텝) 드라이브   144

(3) 좌측 진행(크로스 스텝)   145

2) 좌측 후위 진행 스매싱 & 직선 전위 진행 백핸드 드라이브   146

(1) 좌측 후위 진행(홉 스텝) 스매싱   146

(2) 전위 진행(러닝 스텝) 백핸드 드라이브   148

| | | (3) 우측 진행(① 피벗 스텝, ② 사이드 스텝) | **149** |

2. 좌우 후위 진행 스매싱 & 대각 전위 진행 후 드라이브   **150**

    1) 우측 후위 진행 스매싱 & 좌측 전위 진행 후 백핸드 드라이브   **150**
        (1) 우측 후위 진행(러닝 스텝) 스매싱   **151**
        (2) 좌측 전위 진행(사이드 스텝) 후 백핸드 드라이브   **152**
        (3) 우측 후위 진행(① 피벗 스텝, ② 사이드 스텝)   **153**

    2) 좌측 후위 진행 스매싱 & 우측 전위 진행 후 포핸드 드라이브   **154**
        (1) 좌측 후위 진행(홉 스텝) 스매싱   **154**
        (2) 우측 전위 진행(러닝 스텝)후 포핸드 드라이브   **156**
        (3) 좌측 후위 진행(크로스 스텝)   **157**

제9장

1. 언더 클리어   **160**

    1) 우측에서 포핸드 언더 클리어   **160**
        (1) 우측 전위 진행(러닝 스텝) 언더 클리어   **161**
        (2) 좌측 후위 진행(러닝 스텝)   **162**

    2) 좌측에서 백핸드 언더 클리어   **163**
        (1) 좌측 전위 진행(러닝 스텝) 백핸드 언더 클리어   **163**
        (2) 우측 후위 진행(러닝 스텝)   **164**

2. 좌우 후위 원 점프 스매싱   **165**

3. 좌우 전위 진행 드라이브 & 대각 후위 진행 후 원 점프 스매싱   **170**
    1) 우측 전위 진행 포핸드 드라이브 & 좌측 후위 진행 후 좌측으로

왼발 원 점프 스매싱(라운드 스윙) 170
(1) 우측 전위 진행(런닝 스텝) 드라이브 171
(2) 좌측 후위 진행(사이드 스텝) 172
(3) 좌측으로 왼발 원 점프 스매싱(라운드 스윙) 172
(4) 우측 진행(사이드 스텝) 173

2) 좌측 전위 진행 백핸드 드라이브 & 우측 후위 진행 후 우측으로
오른발 원 점프 스매싱 174
(1) 좌측 전위 진행(런닝 스텝) 백핸드 드라이브 174
(2) 우측 후위 진행(피벗 스텝) 175
(3) 우측으로 오른발 원 점프 스매싱 176
(4) 좌측 진행(사이드 스텝) 177

4. **좌우 원 점프 스매싱 & 연속 대각 진행 드라이브, 푸시** 178
1) 우측으로 오른발 원 점프 스매싱 & 연속으로 좌측 전위 진행
백핸드 드라이브, 백핸드 푸시 178
(1) 우측으로 오른발 원 점프 스매싱 179
(2) 좌측 전위 진행(사이드 스텝) 180
(3) 좌측 전위 진행(런닝 스텝) 백핸드 드라이브 180
(4) 좌측 전위 진행(런닝 스텝) 백핸드 푸시 181
(5) 우측 후위 진행(런닝 스텝, 피벗 스텝) 182

2) 좌측으로 왼발 원 점프 스매싱(라운드 스윙) & 연속으로
우측 전위 진행 포핸드 드라이브, 포핸드 푸시 183
(1) 좌측으로 왼발 원 점프 스매싱 184
(2) 우측 전위 진행(사이드 스텝) 185
(3) 우측 전위 진행(런닝 스텝) 드라이브 185
(4) 우측 전위 진행(런닝 스텝) 푸시 186
(5) 좌측 후위 진행(런닝 스텝, ① 오른발 ② 왼발 ③ 오른발) 187

제10장

1. 좌우 드라이브 & 전위 진행 푸시   **190**
   1) 우측에서 포핸드 드라이브 & 전위 진행 포핸드 푸시   **190**
      (1) 오른쪽(RS)에서 전방 드라이브   **191**
      (2) 전위 진행(런닝 스텝) 푸시   **192**
      (3) 후위 진행(런닝 스텝, 스플릿 스텝)   **192**

   2) 좌측에서 백핸드 드라이브 & 전위 진행 백핸드 푸시   **194**
      (1) 왼쪽(LS)에서 전방 백핸드 드라이브   **194**
      (2) 전위 진행(런닝 스텝) 백핸드 푸시   **195**
      (3) 후위 진행(런닝 스텝, 스플릿 스텝)   **196**

2. 연속 좌우 후위 진행 스매싱 & 연속 전위 진행 드라이브, 푸시   **197**
   1) 좌측, 우측 후위 진행 스매싱 & 연속 전위 진행 포핸드 드라이브,
      포핸드 푸시   **197**
      (1) 좌측 후위 진행(홉 스텝) 스매싱 - 우측 전위 진행(런닝 스텝)   **198**
      (2) 우측 후위 진행(런닝 스텝) 스매싱   **199**
      (3) 전위 진행(런닝 스텝) 드라이브   **201**
      (4) 전위 진행(런닝 스텝) 푸시 - 좌측 후위 진행(런닝 스텝)   **202**

   2) 우측, 좌측 후위 진행 스매싱 & 연속 전위 진행 백핸드 드라이브,
      백핸드 푸시   **204**
      (1) 우측 후위 진행(런닝 스텝) 스매싱 - 좌측 전위 진행(사이드 스텝)   **204**
      (2) 좌측 후위 진행(홉 스텝) 스매싱   **206**
      (3) 전위 진행(런닝 스텝) 백핸드 드라이브   **208**
      (4) 전위 진행(런닝 스텝) 백핸드 푸시 - 우측 후위 진행(런닝 스텝)   **209**

3. 좌우 후위 진행 스매싱 & 연속 전위 진행 드라이브, 푸시 &
   사이드 진행 푸시 **211**
   1) 우측 후위 진행 스매싱 & 연속 전위 진행 포핸드 드라이브, 포핸드 푸시 &
      사이드 진행 백핸드 푸시 **211**
      (1) 우측 후위 진행(런닝 스텝) 스매싱 **212**
      (2) 전위 진행(런닝 스텝) 드라이브 **213**
      (3) 전위 진행(런닝 스텝) 푸시 **215**
      (4) 좌측 진행(사이드 스텝) 백핸드 푸시 - 우측 후위 진행(런닝 스텝) **215**

   2) 좌측 후위 진행 스매싱 & 연속 전위 진행 백핸드 드라이브, 백핸드 푸시 &
      사이드 진행 포핸드 푸시 **217**
      (1) 좌측 후위 진행(홉 스텝) 스매싱 **217**
      (2) 전위 진행(런닝 스텝) 백핸드 드라이브 **219**
      (3) 전위 진행(런닝 스텝) 백핸드 푸시 **220**
      (4) 우측 진행(① 피벗 스텝, ② 사이드 스텝) 푸시 - 좌측 후위 진행(런닝 스텝)
      221

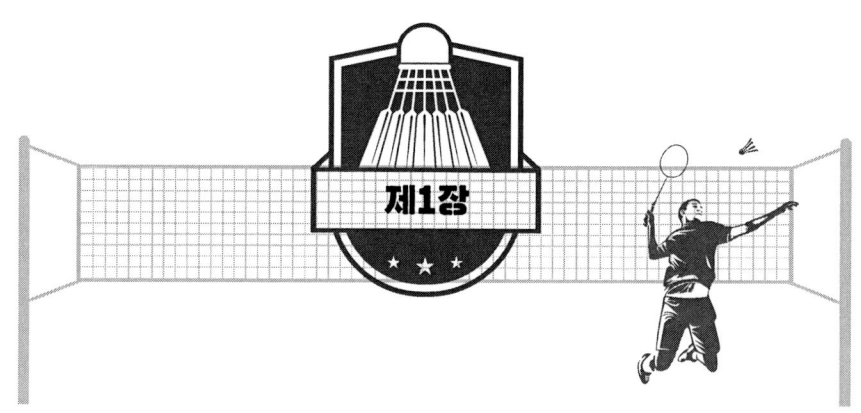

1. 그립감
2. 웨스턴 그립과 이스턴 그립
3. 준비 그립
4. 척골(자뼈)과 요골(노뼈), 전완근
5. 회내 운동(포핸드 그립)과 회외 운동(백핸드 그립)

1
그립감

1점이 아쉬웠던 어제저녁이 문득 지나간다.

우측 전위 네트 앞에서 파트너 찰리가 전방으로 넘겼던 셔틀콕, 후위에 있던 나는 '그래, 팔을 살짝 뻗어서 좌측 드라이브성 커트다.' 낮게 굽었던 양쪽 무릎에서 살짝 올리며 양쪽 발목을 비스듬히 좌측으로 탄력 있게 틀어서 오른발은 왼발 안쪽까지 끌어오고 나서 왼발은 11시 방향으로 밀어서 좌측 전위로 진행한다. 오른손은 준비그립에서 네트를 넘어오는 셔틀콕을 마중가는 방향으로 오른발이 11시 방향으로 내디딤과 함께 동시에 왼쪽 어깨 윗 공간으로 라켓 헤드를 옮기고 손목 스냅으로 그립 전환된 백핸드 그립으로 라켓 헤드를 날아오는 셔틀콕에 맞추며 접혔던 팔꿈치는 펴지고 백핸드 드라이브로 스윙한다. 하지만 힘에 눌린 셔틀콕은 네트 밴드(테이프)를 넘지 못하고 걸려서 바닥에 "데구르르" 떨어진다.

상대팀에게 머쓱하지만 환한 축하 인사를 건네고 아쉬운 밤공기, 아쉬운 밤거리를 걷는다. '힘을 빼고 그립을 살짝 내려서 받치는 기분으로…'

2
웨스턴 그립과 이스턴 그립

배드민턴 그립은 웨스턴 그립과 이스턴 그립이 있지만, 이스턴 그립에서 수월하게 포핸드 그립의 라켓 헤드 앞면과 백핸드 그립의 라켓 헤드 뒷면을 전환하기에 모든 스윙을 대응할 수 있어서 클럽 및 대표 선수들이 주로 사용하고 있다.

웨스턴 그립

이스턴 그립

이스턴 그립

- **포핸드 그립**: 준비 그립에서 손목을 바깥쪽으로 10~20° 정도 젖혀서(손목을 열다.) 전완근의 회내 운동을 한다.
- **백핸드 그립**: 준비 그립에서 손목을 안쪽으로 10~20° 정도 꺾어서(손목을 닫다.) 전완근의 회외 운동을 한다.

3
준비 그립

그립 전환은 준비 그립에서 손목 스냅이 먼저 일어나고 거의 동시에 엄지, 검지를 전환해서 포핸드 그립, 백핸드 그립을 전환한다.

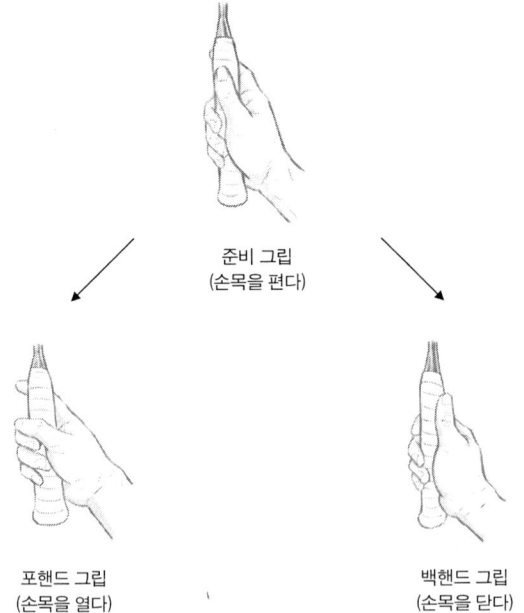

준비 그립
(손목을 편다)

포핸드 그립
(손목을 열다)

백핸드 그립
(손목을 닫다)

4
척골(자뼈)와 요골(노뼈), 전완근

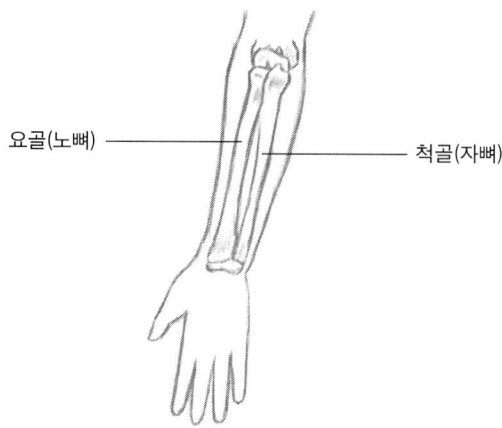

팔은 팔꿈치를 기준으로 위팔과 아래팔로 구분된다. 아래팔은 2개의 뼈가 팔꿈치에서부터 손목까지 있다. 하나는 손바닥 쪽으로 연결되는 척골(자뼈)가 있고 또 다른 하나는 손목에서 엄지 쪽으로 연결되는 요골(노뼈)가 있다. 그리고 그 주변을 둘러싼 물건을 잡는 잔근육들이 있는 데 이를 전완근이라 한다.

- 척골(자뼈)는 팔꿈치와 손목 사이에서 "접혔다", "폈다" 하는 기능을 한다.
- 요골(노뼈)는 팔꿈치를 기준으로 손목을 바깥쪽에서 안쪽으로 회전(회내 운동)하는 기능과 손목을 안쪽에서 바깥쪽으로 회전(회외 운동)하는 기능을 한다.

5
회내 운동(포핸드 그립)과 회외 운동(백핸드 그립)

아래팔이 팔꿈치를 기준으로 몸 안쪽으로 틀어서 엄지손가락이 몸 안쪽 방향으로 회전하면 회내 운동이라 하고 몸 바깥쪽으로 틀어서 엄지 손가락이 몸 바깥쪽으로 회전하면 회외 운동이라 한다.

- 회내 운동(포핸드 그립): 클리어, 푸시, 드라이브…
- 회외 운동(백핸드 그립): 백핸드 클리어, 백핸드 푸시, 백핸드 드라이브…

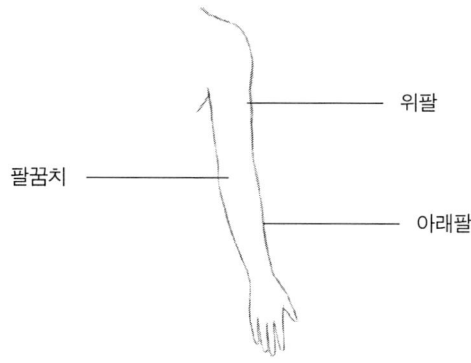

회내 운동

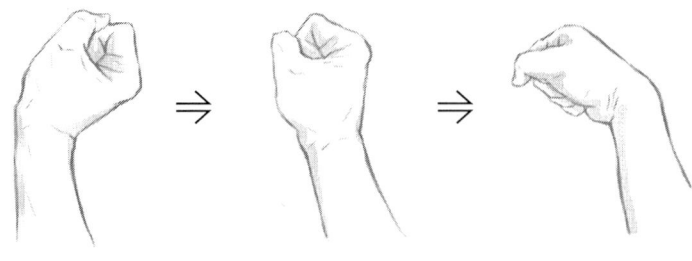

① 손목을 열다　② 손목을 펴다　③ 손목을 닫다

회외 운동

① 손목을 닫다　② 손목을 펴다　③ 손목을 열다

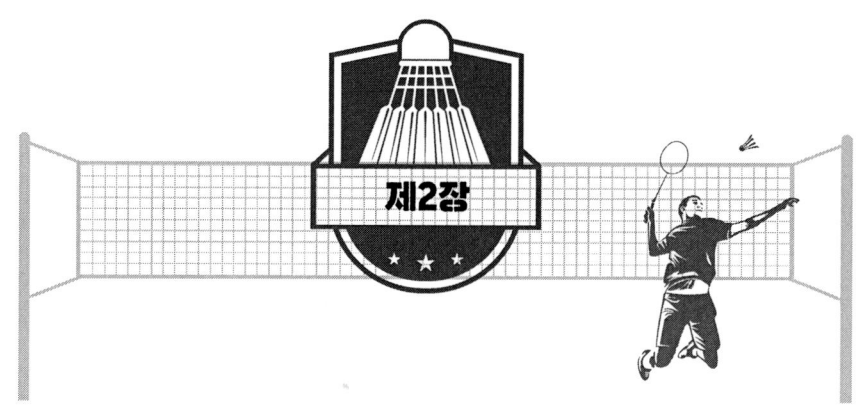

1. 준비 자세
2. 스플릿 스텝
3. 준비 그립의 그립 전환(손가락 파지법)
4. 홈 포지션, 탑 앤드 백 포메이션,
   사이드 바이 사이드 포메이션

1
준비 자세

 준비 그립을 잡은 상태에서 팔꿈치를 전방으로 향하면서 양팔이 삼각형 모양을 만들고 라켓 그립이 눈높이 정도까지 올린다. 다리는 어깨 넓이만큼 벌려주고 무릎을 조금 구부려 주고 양발 뒤꿈치를 약간 올려주며 상체를 조금 앞으로 숙인다.

준비 자세

2
스플릿 스텝
(상대 움직임에 대한 본인의 반응)

　상대의 라켓 헤드에 셔틀콕 타격을 보고 본인이 준비 자세에서 허벅지, 무릎, 발 앞꿈치의 탄력으로 방향과 거리, 속도를 조절한다.

스플릿 스텝

3
준비 그립의 그립 전환
(손가락 파지법)

준비 자세일 때는 포핸드 그립, 백핸드 그립의 중간 그립을 만드는 데 이를 준비 그립이라 한다. 검지는 포핸드 그립을 위해서 중지와 떨어져 넓은 면에 사선으로 그립을 걸고 엄지는 백핸드 그립을 위해서 반대편 넓은 면에 일자로 가볍게 걸치면서 라켓 그립 사이에 충분한 공간을 만들면서 포핸드 그립, 백핸드 그립을 순간적으로 전환할 수 있어야 한다.

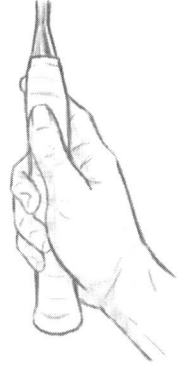

준비 그립

- 손목에 스냅을 주며 준비 그립에서 포핸드 그립 전환 후 타격

◆ 우측 방면으로 몸의 중심 이동과 동시에 준비 그립에서 손목에 스냅을 주며 손목 바깥쪽으로 열어서 라켓 그립의 넓은 면에 일자로 가볍게 걸쳤던 엄지는 반대면의 중지 옆면에 엄지를 걸어주는 기분으로 붙이고 [네트를 넘어오는 셔틀콕 타격 시] 중지, 약지, 소지를 당겨주고 엄지는 받쳐주는 느낌이 있고 검지는 눌러 주면서 라켓 헤드의 탄력과 손목이 닫히(회내 운동)면서 회전되는 힘을 이용하며 셔틀콕을 타격한다.

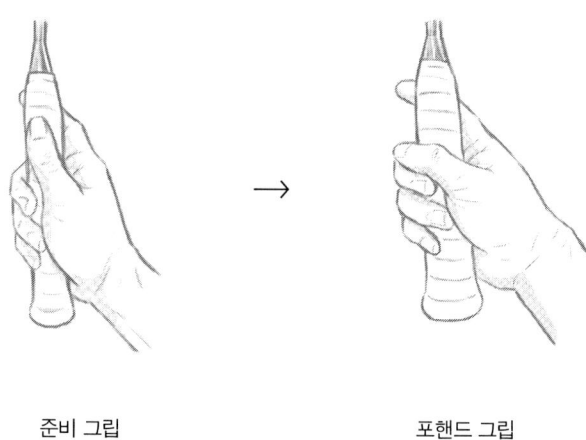

준비 그립 → 포핸드 그립

- 손목에 스냅을 주며 준비 그립에서 백핸드 그립 전환 후 타격

◆ 좌측 방면으로 몸의 중심 이동과 동시에 준비 그립에서 손목에 스냅을 주며 손목 안쪽으로 닫아서 중지와 떨어져 라켓 그립의 넓은 면에 사선으로 가볍게 걸었던 검지는 중지 옆으로 차례로 붙이고 [네트를 넘어오는 셔틀콕 타격 시] 중지, 약지, 소지를 당겨주고 검지는 받쳐주고 엄지는 눌러 주면서 라켓 헤드의 탄력과 손목이 열리(회외 운동)면서 회전되는 힘을 이용하며 셔틀콕을 타격한다.

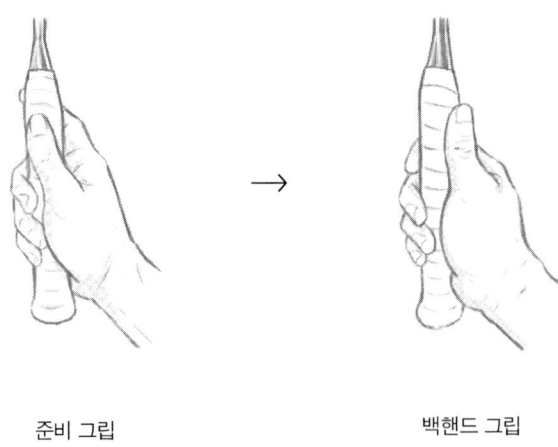

준비 그립 　　　　　 백핸드 그립

4
홈 포지션, 탑 앤드 백 포메이션, 사이드 바이 사이드 포메이션

1) 홈 포지션(Home Position)

상대편의 셔틀콕 타격 시 짧은 시간 안에 거리를 좁히는 반응함에 있어 좋은 위치

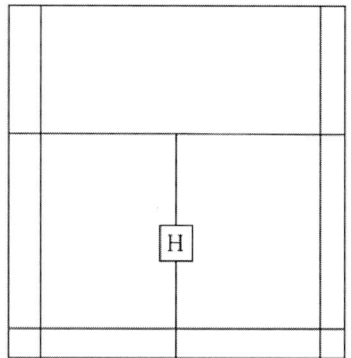

2) 탑 앤드 백 포메이션(T & B Formatiom)

공격형

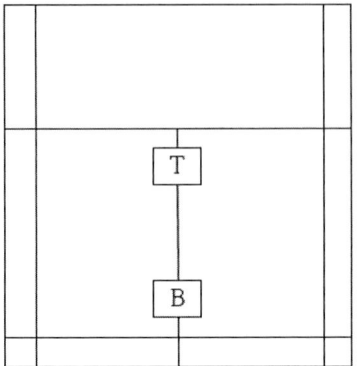

- T(전위)는 홈 포지션보다 앞에 위치한다. B(후위)는 홈 포지션보다 뒤에 위치한다.
- 일반적으로 동호인 복식 경기에서 숏 서비스 서브를 하고 탑 앤드 백 포메이션을 많이 한다.

3) 사이드 바이 사이드 포메이션(S by S Formation)

수비형

- 센터라인의 중앙에서 홈 포지션을 중심으로 왼쪽 코트 중심(LS)과 오른쪽 코트 중심(RS)에 위치한다.
- 일반적으로 동호인 복식 경기에서 롱 서비스를 하고 사이드 바이 사이드 포메이션을 많이 한다.

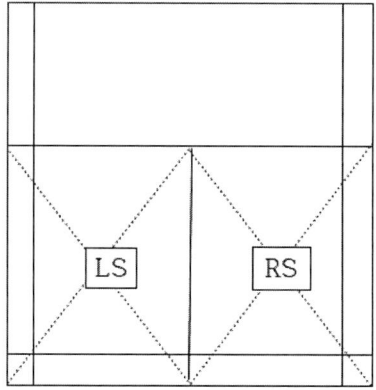

※ 풋 워크를 준비하는 포지션

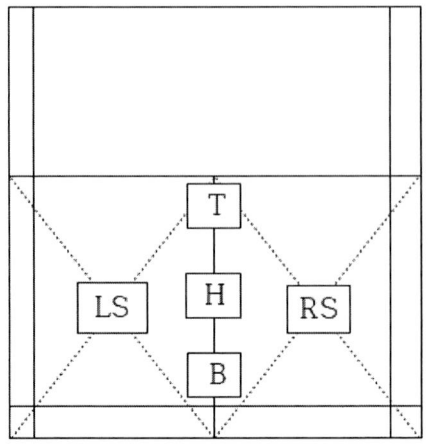

- T 포지션
- H 포지션
- RS 포지션

- B 포지션
- LS 포지션

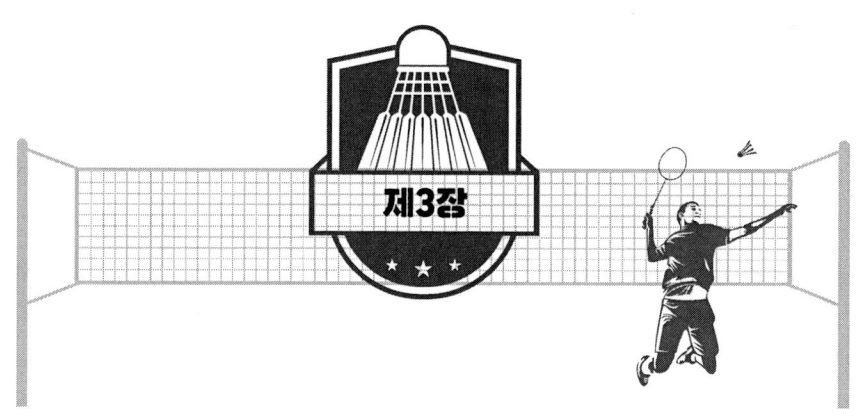

1. 하이 클리어
2. 좌우 전위 진행(런닝 스텝) 헤어핀
3. 좌우 전위 진행(런닝 스텝) 푸시
4. 좌우 전위 진행(런닝 스텝) 드라이브
5. 좌우 전위 진행(런닝 스텝) 언더 클리어
6. 하이 클리어

1
하이 클리어

RS 포지션에서 라켓은 준비 그립을 잡고 팔꿈치는 전방을 향하면서 양 팔이 삼각형 모양을 만들고 라켓 그립이 눈높이 정도까지 올린다. 다리는 어깨 넓이 정도까지 벌려주고 자연스럽게 서서 상대편 코트를 주시한다.

1) 상대편 코트의 셔틀콕이 언더 클리어로 타격하는 것을 보면서

오른쪽 어깨를 등 뒤로 틀면서 오른발을 등 뒤로 빼고 오른발 앞꿈치는 3시 방향으로 가리키며 착지하고 왼발 뒤꿈치는 살짝 들리게 된다. 왼손은 떠오르는 셔틀콕을 향해 쭉 뻗어 가리키고 몸통은 오른쪽 등 뒤로 틀면서 오른손에 그립된 라켓은 어깨 뒤로 20~30° 정도의 각도로 귀 높이까지 가져간다.

2) 네트를 넘어오는 셔틀콕이 상승 정점에서 포물선 낙하하는 것을 의식하며

 귀 뒤쪽 오른손에 그립됐던 라켓(왼쪽, 오른쪽 가슴뼈가 순간적으로 활처럼 펴지는 느낌을 받으며)은 손목 스냅과 함께 손목을 바깥쪽으로 열어주고 준비 그립에서 포핸드 그립(엄지를 중지 옆면에 걸어주는 기분으로 붙이고 힘을 주지 않는다.)을 하고 왼발 앞꿈치는 1시 방향으로 살짝 틀어진다.

3) 셔틀콕이 타격하는 위치에 왔을 때

 왼쪽(가슴뼈, 어깨, 팔꿈치)이 의식적으로 반원 회전을 일으키면서 연동의 힘을 오른쪽 회전에 도움을 올리며 동시에 1시 방향으로 틀어졌던 왼발 앞꿈치는 오른발 옆까지 끌어오며 셔틀콕 타격에 있어서 순간적으로 지렛대가 되고 왼쪽 가슴뼈가 반원 회전으로 뒤로 밀리면 연동되는 힘을 받았던 오른쪽 가슴뼈가 앞으로 나오면서 자연스런 몸통 회전을 일으키고 머리 뒤로 넘어갔던 라켓 헤드는 머리 위쪽 높이 정도에서 접혔던 팔꿈치가 셔틀콕을 향하면서 펴지고 이어서 손목 스냅과 함께 바깥쪽으로 열었던 손목은 포핸드 그립으로 셔틀콕이 타격하기 전에 지렛대가 된 왼발 앞꿈치를 축으로 오른발이 12시 방향으로 1보 전진 이동과 함께 중지, 약지, 소지를 당겨주고 엄지는 받쳐주고 검지는 눌러 주면서 라켓 헤드의 탄력과 손목이 닫히(회내 운동)면서 회전되는 힘을 이용하며 셔틀콕을 타격한다.

4) 셔틀콕 타격이 완성되면

지렛대가 됐던 왼발 앞꿈치는 1보 전진 이동과 함께 오른발 옆으로 이동 착지되고 출발했던 포지션에 자리 잡고 준비 그립, 준비 자세를 취한다.

2
좌우 전위 진행 헤어핀

1) 우측 전위진행 포핸드 헤어핀

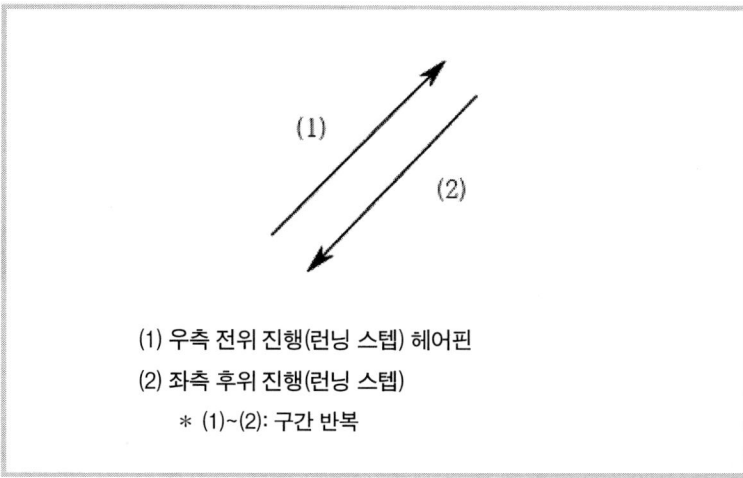

(1) 우측 전위 진행(러닝 스텝) 헤어핀
(2) 좌측 후위 진행(러닝 스텝)
 * (1)~(2): 구간 반복

 T 포지션에서 배드민턴 라켓은 준비 그립을 잡고 팔꿈치는 전방을 향하면서 양팔이 삼각형 모양을 만들고 라켓 그립이 눈높이 정도까지 올린다. 다리는 어깨 넓이 정도까지 벌려주고 양쪽 무릎을 조금 구부려 주고 양발 뒤꿈치를 약간 올려주며 상체를 조금 앞으로 숙여서 준비 자세를 취한다.

(1) 우측 전위 진행(런닝 스텝) 포핸드 헤어핀

[상대편 코트에서 우측 네트 앞으로 붙이는 헤어핀 타격을 보면서]
 낮게 굽혔던 양쪽 무릎을 살짝 우측으로 틀어 올리며(스플릿 스텝) 왼발을 1시 방향 오른발 위쪽으로 내서 디디며 왼팔과 팔꿈치는 아래로 내려서 아래팔을 등 뒤로 향한다.

[네트를 넘어서 타격되는 위치에 왔을 때]
 등 뒤로 향했던 왼쪽 아래팔에 이어서 오른발을 크게 1시 방향으로 무릎이 "ㄱ"자를 만들면서 내디디면 왼발 뒤꿈치가 들리면서 끌리고 "ㄱ"자로 만들어진 오른발 무릎과 몸통에 무게 중심을 두고 오른손에 그립된 라켓은 준비 그립에서 손목 스냅과 함께 포핸드 그립(엄지를 중지 옆면에 걸어주는 기분으로 붙이고 힘을 주지 않는다)으로 손목을 바깥쪽으로 틀어서 셔틀콕의 콕과 수직으로 받겠끔 열면 소지, 약지, 중지의 손톱이 눈높이(어깨 높이 정도)보다 낮게 보이고 손바닥과 라켓 그립에서 약간의 공간이 있겠금 가볍게 그립하며 네트 안쪽으로 타고 내려오는 셔틀콕보다 낮은 높이에서 가볍게 손목 스냅으로 잡고 밀어서 라켓 헤드의 탄력을 이용해서 헤어핀으로 타격한다.

(2) 좌측 후위진행(런닝 스텝)

[셔틀콕 타격이 완성되면]
 헤어핀 타격 진행으로 "ㄱ"자를 만들었던 오른발은 출발했던 곳까지 역진행시키고 이어서 왼발도 원위치시키고 T 포지션에서 준비 그립, 준비 자세 후 스플릿 스텝을 취한다.

2) 좌측 전위진행 백핸드 헤어핀

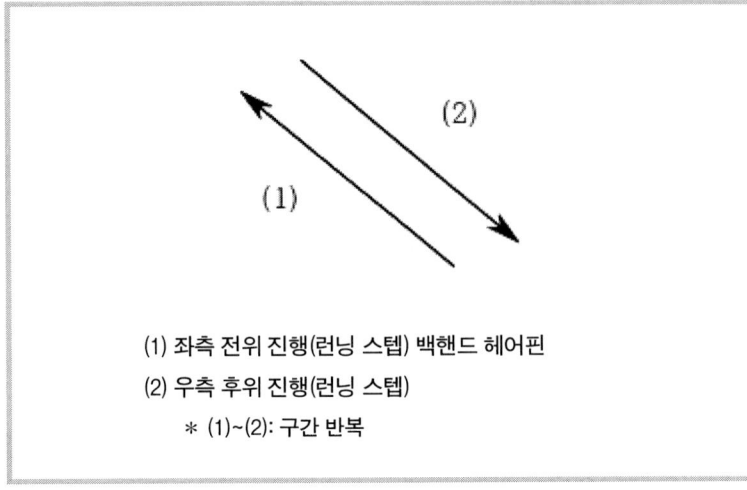

(1) 좌측 전위 진행(런닝 스텝) 백핸드 헤어핀
(2) 우측 후위 진행(런닝 스텝)
* (1)~(2): 구간 반복

T 포지션에서 배드민턴 라켓은 준비 그립을 잡고 팔꿈치는 전방을 향하면서 양팔이 삼각형 모양을 만들고 라켓 그립이 눈높이 정도까지 올린다. 다리는 어깨 넓이 정도까지 벌려주고 양쪽 무릎을 조금 구부려 주고 양발 뒤꿈치를 약간 올려주며 상체를 조금 앞으로 숙여서 준비 자세를 취한다.

(1) 좌측 전위진행(런닝 스텝) 백핸드 헤어핀

[상대편 코트에서 좌측 네트 앞으로 붙이는 헤어핀 타격을 보면서]

 낮게 굽혔던 양쪽 무릎을 살짝 좌측으로 틀어 올리며(스플릿 스텝) 왼발을 11시 방향으로 내서 디디며 왼팔과 팔꿈치는 아래로 내려서 아래팔을 등 뒤로 향한다.

[네트를 넘어서 타격되는 위치에 왔을 때]

 등 뒤로 향했던 왼쪽 아래팔에 이어서 오른발을 크게 11시 방향으로 무릎이 "ㄱ"자를 만들면서 내디디면 왼발 뒤꿈치가 들리면서 끌리고 "ㄱ"자로 만들어진 오른발 무릎과 몸통에 무게 중심을 두고 오른손에 그립된 라켓은 준비 그립에서 손목 스냅과 함께 백핸드 그립(검지를 중지 옆으로 나란히 붙인다.)으로 손목을 안쪽으로 틀어서 셔틀콕의 콕과 수직으로 받겠금 닿으면 손등이 눈높이(어깨 높이 정도) 보다 낮게 보이고 손바닥과 라켓 그립에서 약간의 공간이 있겠끔 가볍게 그립하며 네트 안쪽으로 타고 내려오는 셔틀콕보다 낮은 높이에서 가볍게 손목 스냅으로 잡고 밀어서 라켓 헤드의 탄력을 이용해서 헤어핀으로 타격한다.

(2) 좌측 후위 진행(런닝 스텝)

[셔틀콕 타격이 완성되면]

 헤어핀 타격 진행으로 "ㄱ"자를 만들었던 오른발은 출발했던 곳까지 역진행시키고 이어서 왼발도 원위치시키고 T 포지션에서 준비 그립, 준비 자세 후 스플릿 스텝을 취한다.

3
좌우 전위 진행 푸시

1) 우측 전위 진행 포핸드 푸시

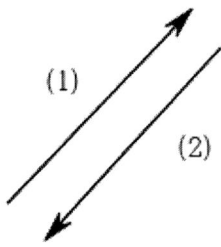

(1) 우측 전위 진행(런닝 스텝) 푸시
(2) 좌측 후위 진행(런닝 스텝)
 * (1)~(2): 구간 반복

T 포지션에서 배드민턴 라켓은 준비 그립을 잡고 팔꿈치는 전방을 향하면서 양팔이 삼각형 모양을 만들고 라켓 그립이 눈높이 정도까지 올린다. 다리는 어깨 넓이 정도까지 벌려주고 양쪽 무릎을 조금 구부려 주고 양발 뒤꿈치를 약간 올려주며 상체를 조금 앞으로 숙여서 준비 자세를 취한다.

(1) 우측 전위 진행(런닝 스텝) 포핸드 푸시

[상대편 코트에서 우측 네트 앞 짧은 커트로 둥 뜨는 것을 보면서]
　낮게 굽혔던 양쪽 무릎을 살짝 우측으로 틀어 올리며(스플릿 스텝) 왼발을 오른발 앞꿈치 위에 1시 방향으로 내디디고 왼쪽 아래팔과 팔꿈치는 아래로 내려서 아래팔을 등 뒤로 향한다.

[푸시로 타격하는 위치에 왔을 때]
　등 뒤로 향했던 왼쪽 아래팔에 이어서 오른발을 1시 방향으로 내디디면 왼발 뒤꿈치가 들리면서 끌리고 오른손에 그립된 라켓은 준비 그립에서 손목 스냅과 함께 포핸드 그립(엄지를 중지 옆면에 걸어주는 기분으로 붙이고 힘을 주지 않는다)으로 전환 그립하고 팔꿈치는 몸통 앞에 두고 라켓 스윙 시 네트를 넘지 않을 만큼의 공간 확보(라켓 헤드는 네트를 넘어오는 셔틀콕에 맞추며 팔꿈치가 50% 정도 펴진다는 느낌)하고 손목 스냅을 잡으며 셔틀콕을 푸시로 타격(회내 운동)한다.

(2) 좌측 후위 진행(런닝 스텝)

[셔틀콕 타격이 완성되면] 푸시 타격 진행됐던 오른발은 출발했던 곳까지 역진행시키고 이어서 왼발도 원위치시키고 T 포지션에서 준비 그립, 준비 자세 후 스플릿 스텝을 취한다.

2) 좌측 전위 진행 백핸드 푸시

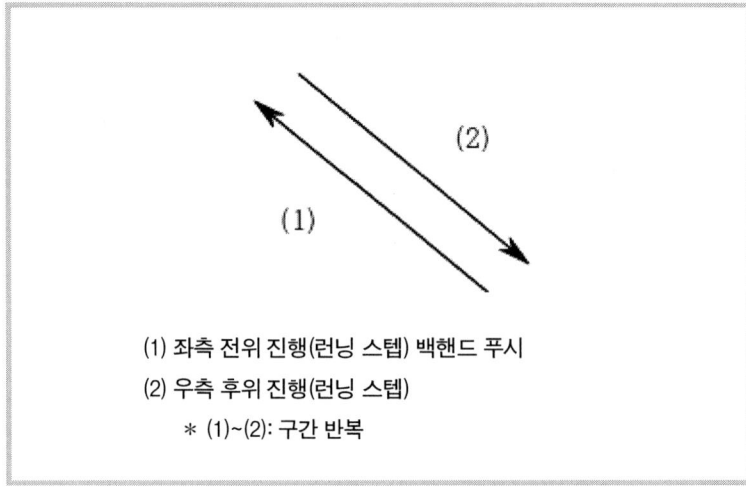

(1) 좌측 전위 진행(러닝 스텝) 백핸드 푸시
(2) 우측 후위 진행(러닝 스텝)
 * (1)~(2): 구간 반복

T 포지션에서 배드민턴 라켓은 준비 그립을 잡고 팔꿈치는 전방을 향하면서 양팔이 삼각형 모양을 만들고 라켓 그립이 눈높이 정도까지 올린다. 다리는 어깨 넓이 정도까지 벌려주고 양쪽 무릎을 조금 구부려 주고 양발 뒤꿈치를 약간 올려주며 상체를 조금 앞으로 숙여서 준비 자세를 취한다.

(1) 좌측 전위 진행(런닝 스텝) 백핸드 푸시

[상대편 코트에서 좌측 네트 앞 짧은 커트로 둥 뜨는 것을 보면서]
 낮게 굽혔던 양쪽 무릎을 살짝 좌측으로 틀어 올리며(스플릿 스텝) 왼발을 11시 방향으로 내서 디디며 왼팔과 팔꿈치는 아래로 내려서 아래팔을 등 뒤로 향한다.

[푸시로 타격하는 위치에 왔을 때]
 등 뒤로 향했던 왼쪽 아래팔에 이어서 오른발을 11시 방향으로 내디디면 왼발 뒤꿈치가 들리면서 살짝 끌리고 오른손에 그립된 라켓은 준비 그립에서 손목 스냅과 함께 백핸드 그립(검지는 중지 옆으로 나란히 붙인다.)으로 전환 그립하고 팔꿈치는 몸통 앞에 두고 라켓 스윙시 네트를 넘지 않을 만큼의 공간 확보(라켓 헤드는 네트를 넘어오는 셔틀콕에 맞추며 팔꿈치가 50% 정도 펴진다는 느낌)하고 손목 스냅을 잡으며 셔틀콕을 백핸드 푸시로 타격(회외 운동)한다.

(2) 우측 후위 진행(런닝 스텝)

[셔틀콕 타격이 완성되면]
 푸시 타격 진행됐던 오른발은 출발했던 곳까지 역진행시키고 이어서 왼발도 원위치시키고 T 포지션에서 준비 그립, 준비 자세 후 스플릿 스텝을 취한다.

4
좌우 전위 진행 드라이브

1) 우측 전위 진행 포핸드 드라이브

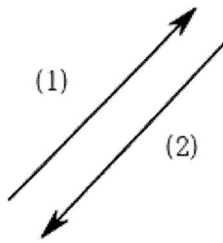

(1) 우측 전위 진행(런닝 스텝) 드라이브
(2) 좌측 후위 진행(런닝 스텝)
 * (1)~(2): 구간 반복

H 포지션에서 배드민턴 라켓은 준비 그립을 잡고 팔꿈치는 전방을 향하면서 양팔이 삼각형 모양을 만들고 라켓 그립이 눈높이 정도까지 올린다. 다리는 어깨 넓이 정도까지 벌려주고 양쪽 무릎을 조금 구부려 주고 양발 뒤꿈치를 약간 올려주며 상체를 조금 앞으로 숙여서 준비 자세를 취한다.

(1) 우측 전위 진행(러닝 스텝) 포핸드 드라이브

[상대편 코트에서 우측 네트 앞으로 드라이브성 짧은 커트를 보면서]

　낮게 굽혔던 양쪽 무릎을 살짝 우측으로 틀어 올리며(스플릿 스텝) 왼발을 오른발 앞꿈치 위에 1시 방향으로 내디디고 왼쪽 아래팔과 팔꿈치는 아래로 내려서 아래팔을 등 뒤로 향한다.

[네트를 넘어서 타격하는 위치에 왔을 때]

　등 뒤로 향했던 왼쪽 아래팔에 이어서 오른발을 크게 1시 방향으로 무릎이 "ㄱ"자를 만들면서 내디디면 왼발 뒤꿈치가 들리면서 끌리고 "ㄱ"자로 만들어진 오른발 무릎과 몸통에 무게 중심을 두고 오른손에 그립된 라켓은 준비 그립에서 손목 스냅과 함께 포핸드 그립(엄지를 중지 옆면에 걸어주는 기분으로 붙이고 힘을 주지 않는다)으로 전환 그립하고 그립된 라켓과 손바닥에 헐거운 공간이 있으며 손목은 라켓이 타격되는 면을 높이기 위해 위쪽으로 꺾이고 팔꿈치는 몸통 앞쪽에서 살짝 접히며 오른쪽 어깨 윗 공간으로 헤드를 옮기며 겨드랑이를 조금 열어 주고 네트를 넘어 오는 셔틀콕에 순간적으로 짧게 손목 스냅을 잡아서 가볍게 타격하고(회내 운동) 네트를 직선으로 넘기게 된다.

(2) 좌측 후위 진행(런닝 스텝)

[셔틀콕 타격이 완성되면]

드라이브 타격 진행으로 "ㄱ"자를 만들었던 오른발은 출발했던 곳까지 역진행시키고 이어서 왼발도 원위치시키고 H 포지션에서 준비 그립, 준비 자세 후 스플릿 스텝을 취한다.

2) 좌측 전위 진행 백핸드 드라이브

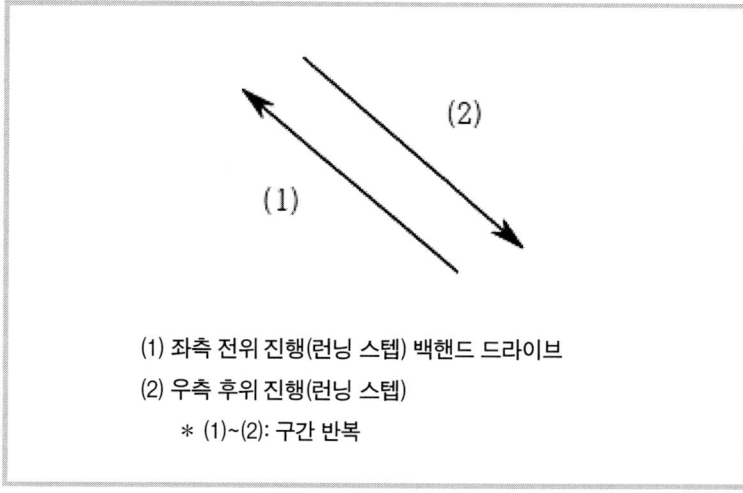

(1) 좌측 전위 진행(런닝 스텝) 백핸드 드라이브
(2) 우측 후위 진행(런닝 스텝)
 * (1)~(2): 구간 반복

H 포지션에서 배드민턴 라켓은 준비 그립을 잡고 팔꿈치는 전방을 향하면서 양팔이 삼각형 모양을 만들고 라켓 그립이 눈높이 정도까지 올린다. 다리는 어깨 넓이 정도까지 벌려주고 양쪽 무릎을 조금 구부려 주고 양발 뒤꿈치를 약간 올려주며 상체를 조금 앞으로 숙여서 준비 자세를 취한다.

(1) 좌측 전위 진행(런닝 스텝) 백핸드 드라이브

[상대편 코트에서 좌측 네트 앞으로 드라이브성 짧은 커트를 보면서]

낮게 굽혔던 양쪽 무릎을 살짝 좌측으로 틀어 올리며(스플릿 스텝) 왼발을 11시 방향으로 내서 디디고 왼팔과 팔꿈치는 아래로 내려서 아래팔을 등 뒤로 향한다.

[네트를 넘어서 타격하는 위치에 왔을 때]

등 뒤로 향했던 왼쪽 아래팔에 이어서 오른발을 크게 11시 방향으로 무릎이 "ㄱ"자를 만들면서 내디디면 왼발 뒤꿈치가 들리면서 끌리고 "ㄱ"자로 만들어진 오른발 무릎과 몸통에 무게 중심을 두고 오른손에 그립된 라켓은 준비 그립에서 손목 스냅과 함께 백핸드 그립(검지를 중지 옆으로 나란히 붙인다)으로 전환 그립하고 그립된 라켓과 손바닥에 헐거운 공간이 있으며 손목은 라켓이 타격하는 면을 높이기 위해 위쪽으로 꺾이고 팔꿈치는 몸통 앞쪽에서 살짝 접히며 왼쪽 어깨 윗 공간으로 헤드를 옮기며 겨드랑이를 조금 열어주고 네트를 넘어오는 셔틀콕에 순간적으로 짧게 손목 스냅을 잡아서 가볍게 타격하고(회외 운동) 네트를 직선으로 넘기게 된다.

(2) 우측 후위 진행(런닝 스텝)

[셔틀콕 타격이 완성되면]

　드라이브 타격 진행으로 "ㄱ"자를 만들었던 오른발은 출발했던 곳까지 역진행시키고 이어서 왼발도 원위치시키고 H 포지션에서 준비 그립, 준비 자세 후 스플릿 스텝을 취한다.

5
좌우 전위 진행 언더 클리어

1) 우측 전위 진행 포핸드 언더 클리어

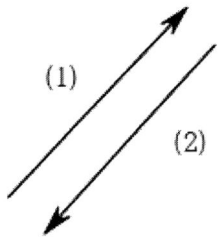

(1) 우측 전위 진행(런닝 스텝) 언더 클리어
(2) 좌측 후위 진행(런닝 스텝)
  * (1)~(2): 구간 반복

H 포지션에서 배드민턴 라켓은 준비 그립을 잡고 팔꿈치는 전방을 향하면서 양팔이 삼각형 모양을 만들고 라켓 그립이 눈높이 정도까지 올린다. 다리는 어깨 넓이 정도까지 벌려주고 양쪽 무릎을 조금 구부려 주고 양발 뒤꿈치를 약간 올려주며 상체를 조금 앞으로 숙여서 준비 자세를 취한다.

(1) 우측 전위 진행(런닝 스텝) 포핸드 언더 클리어

[상대편 코트에서 우측 네트 앞으로 헤어핀 타격을 보면서]

　낮게 굽혔던 양쪽 무릎을 살짝 우측으로 틀어 올리며(스플릿 스텝) 왼발을 오른발 앞꿈치 위에 1시 방향으로 내디디고 왼쪽 아래팔과 팔꿈치는 아래로 내려서 아래팔을 등 뒤로 향한다.

[네트를 넘어 타격하는 위치에 왔을 때]

　등 뒤로 향했던 왼쪽 아래팔에 이어서 오른발을 크게 1시 방향으로 무릎이 "ㄱ"자를 만들면서 내디디면 왼발 뒤꿈치가 들리면서 끌리고 "ㄱ"자로 만들어진 오른발 무릎과 몸통에 무게 중심을 두고 라켓을 그립한 오른손의 팔꿈치를 쫙 펴면 라켓이 어깨, 허리라인을 거쳐 15° 정도 등 뒤로 위치하며 오른손에 그립된 라켓은 준비 그립에서 포핸드 그립(엄지를 중지 옆면에 걸어주는 기분으로 붙이고 힘을 주지 않는다.)으로 전환 그립하고 떨어지는 셔틀콕을 의식하며(시선은 상대편을 주시하며 셔틀콕을 주시하지 않는다.) 등 뒤에 있던 라켓을 오른쪽 무릎과 테니스공 정도의 간격을 주며 오른발과 몸통에 무게 중심을 두고 라켓 헤드는 나이키 모양 스윙으로 셔틀콕을 타격하고(회내 운동 * 헤드가 바닥에 닿지 않게 주의해야 한다.)

　어깨 회전이 충분히 이루어지며 펴졌던 팔꿈치가 오른쪽 가슴 근처에 오면서 접히고 라켓 헤드는 몸 중심을 지나 왼쪽 어

깨로 넘어가고 타격한 셔틀콕은 우측 후위로 높게 포물선을 그리며 엔드라인까지 보낸다.

(2) 좌측 후위 진행(런닝 스텝)

[셔틀콕 타격이 완성되면]

　언더 클리어 타격 진행됐던 오른발은 출발했던 곳까지 역진행시키고 이어서 왼발도 원위치시키며 H 포지션에서 준비 그립, 준비 자세 후 스플릿 스텝을 취한다.

2) 좌측 전위 진행 백핸드 언더 클리어

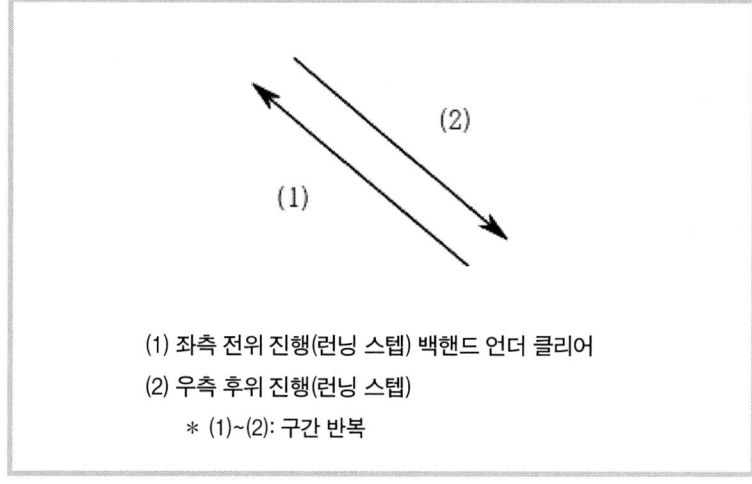

(1) 좌측 전위 진행(런닝 스텝) 백핸드 언더 클리어
(2) 우측 후위 진행(런닝 스텝)
 * (1)~(2): 구간 반복

H 포지션에서 배드민턴 라켓은 준비 그립을 잡고 팔꿈치는 전방을 향하면서 양팔이 삼각형 모양을 만들고 라켓 그립이 눈높이 정도까지 올린다. 다리는 어깨 넓이 정도까지 벌려주고 양쪽 무릎을 조금 구부려 주고 양발 뒤꿈치를 약간 올려주며 상체를 조금 앞으로 숙여서 준비 자세를 취한다.

(1) 좌측 전위 진행(런닝 스텝) 백핸드 언더 클리어

[상대편 코트에서 좌측 네트 앞으로 헤어핀 타격을 보면서]

낮게 굽혔던 양쪽 무릎을 살짝 좌측으로 틀어 올리며(스플릿 스텝) 왼발을 11시 방향으로 내서 디디고 왼팔과 팔꿈치는 아래로 내려서 아래팔을 등 뒤로 향한다.

[네트를 넘어 타격하는 위치에 왔을 때]

  등 뒤로 향했던 왼쪽 아래팔에 이어서 오른발을 크게 11시 방향으로 무릎이 "ㄱ"자를 만들면서 내디디면 왼발 뒤꿈치가 들리면서 끌리고 "ㄱ"자로 만들어진 오른발 무릎과 몸통에 무게 중심을 두고 떨어지는 셔틀콕을 의식하며(시선은 상대편을 주시하며 셔틀콕을 주시하지 않는다) 왼쪽 어깨 근처 오른손에 그립된 라켓은 준비 그립에서 백핸드 그립(검지는 중지 옆으로 나란히 붙인다)으로 전환 그립하고 자연스러운 하강 스윙을 왼쪽 무릎과 테니스공만큼의 공간을 주며 접혔던 팔꿈치가 펴지고 라켓 헤드는 나이키 모양 스윙으로 셔틀콕을 타격하며(회외 운동, 헤드가 바닥에 닿지 않게 주의해야 한다) 얼굴 시선까지 올리고 백핸드 그립의 손목이 꺾여서 손톱이 상대편에게 보이지 않게 한다. 이때, 셔틀콕은 상대편 후위로 높게 포물선을 그리며 엔드라인까지 보낸다.

(2) 우측 후위 진행(런닝 스텝)

[셔틀콕 타격이 완성되면]

  언더 클리어 타격 진행됐던 오른발은 출발했던 곳까지 역진행시키고 이어서 왼발도 원위치시키며 H 포지션에서 준비 그립, 준비 자세 후 스플릿 스텝을 취한다.

6
하이 클리어

1) 우측 후위 진행 포핸드 하이 클리어

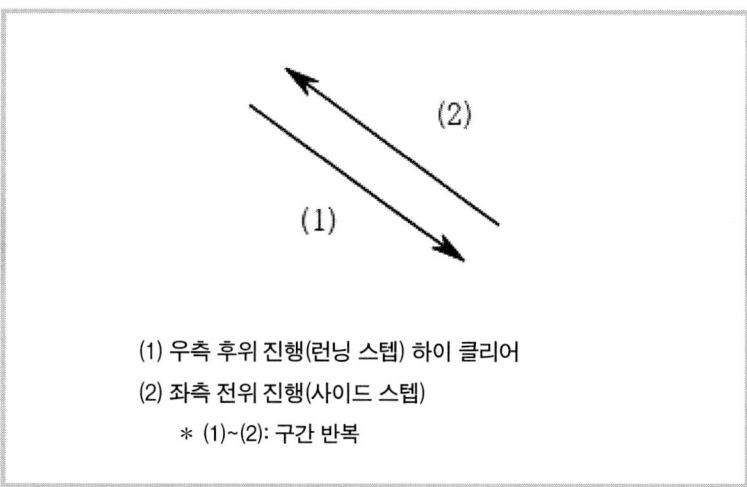

(1) 우측 후위 진행(러닝 스텝) 하이 클리어
(2) 좌측 전위 진행(사이드 스텝)
  * (1)~(2): 구간 반복

B 포지션에서 배드민턴 라켓은 준비 그립을 잡고 팔꿈치는 전방을 향하면서 양팔이 삼각형 모양을 만들고 라켓 그립이 눈높이 정도까지 올린다. 다리는 어깨 넓이 정도까지 벌려주고 양쪽 무릎을 조금 구부려 주고 양발 뒤꿈치를 약간 올려주며 상체를 조금 앞으로 숙여서 준비 자세를 취한다.

(1) 우측 후위 진행(러닝 스텝) 포핸드 하이 클리어

[상대편 코트에서 언더 클리어를 우측 후위 쪽 타격을 보면서]

　우측 후위 진행 예상 경로로 마중 가는 방향으로 오른발(앞꿈치가 들리면서)의 뒤꿈치를 축으로 돌려주고 동시에 왼발(뒤꿈치가 들리면서)의 앞꿈치를 축으로 틀어 올리며(스플릿 스텝) 왼손은 떠오르는 셔틀콕을 향해 쭉 뻗어 가리키고 오른손에 그립된 라켓은 어깨 뒤로 20~30° 정도의 각도로 귀 높이까지 가져간다.

[네트를 향해 오는 셔틀콕을 보면서]

　왼발을 5시 방향 앞으로 내디디고 이어서 오른발을 5시 방향으로 내디디고 나면 왼발은 테니스공만큼 살짝 들리면서 [네트를 넘어 오는 셔틀콕이 상승 정점에서 포물선을 그리고 낙하하는 것을 의식하며] 귀 뒤쪽 오른손에 그립된 라켓(왼쪽, 오른쪽 가슴뼈가 순간적으로 활처럼 펴지는 느낌을 받으며)은 손목을 바깥쪽으로 열어주며 준비 그립에서 포핸드 그립(엄지를 중지 옆면에 걸어주는 기분으로 붙이고 힘을 주지 않는다.)으로 그립 전환한다.

[셔틀콕이 타격하는 위치에 왔을 때]

　왼쪽(가슴뼈, 어깨, 팔꿈치)이 의식적으로 회전을 일으키면서 연동의 힘을 오른쪽(가슴뼈, 어깨, 팔꿈치, 그립된 라켓) 회전에 도움을 올리며 동시에 테니스공만큼 들렸던 왼발 앞꿈치는 등 뒤로

착지하면서 지렛대가 되고 왼쪽 가슴뼈가 뒤로 밀리면서 연동되는 힘을 받았던 오른쪽 가슴뼈가 앞으로 나오면서 자연스런 몸통 회전을 일으키고 머리 뒤로 넘겼던 라켓 헤드는 머리 위쪽 높이 정도에서 접혔던 팔꿈치가 셔틀콕을 향하면서 펴지고 이어서 지렛대가 된 왼발 앞꿈치를 축으로 오른발이 11시 방향 1보 전진 이동과 함께 오른손에 라켓은 포핸드 그립으로 중지, 약지, 소지를 당겨주고 엄지는 받쳐주고 검지는 눌러 주면서 라켓 헤드의 탄력과 손목이 닫히(회내 운동)면서 회전되는 힘을 이용하며 셔틀콕이 타격한다.

(2) 좌측 전위 진행(사이드 스텝)

[셔틀콕 타격이 완성되면]

　지렛대가 됐던 왼발 앞꿈치를 기준으로 오버핸드 스윙이 완성되고 11시 방향으로 내디디며 착지했던 오른발에 이어서 왼발도 11시 방향으로 내디디고 나면 오른발은 왼발 안쪽까지 밀고 왼발은 출발했던 B 포지션까지 이동하고(사이드 스텝) 준비 그립, 준비 자세 후 스플릿 스텝을 취한다.

2) 좌측 후위 진행 포핸드 하이 클리어

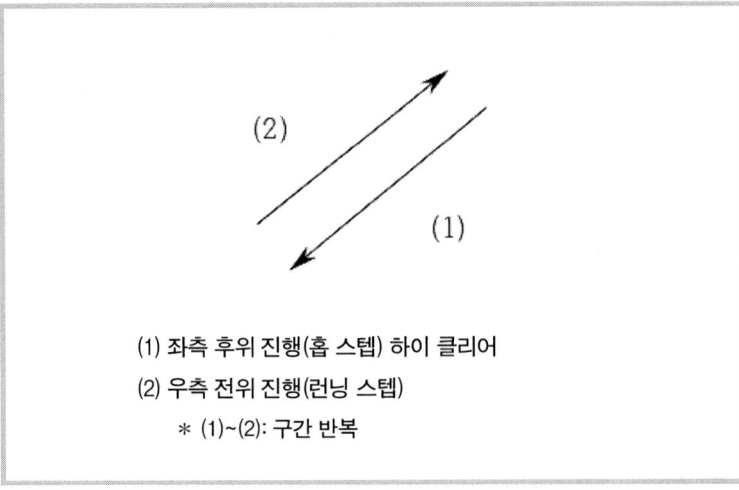

(1) 좌측 후위 진행(홉 스텝) 하이 클리어
(2) 우측 전위 진행(런닝 스텝)
 * (1)~(2): 구간 반복

B 포지션에서 배드민턴 라켓은 준비 그립을 잡고 팔꿈치는 전방을 향하면서 양팔이 삼각형 모양을 만들고 라켓 그립이 눈높이 정도까지 올린다. 다리는 어깨 넓이 정도까지 벌려주고 양쪽 무릎을 조금 구부려 주고 양발 뒤꿈치를 약간 올려주며 상체를 조금 앞으로 숙여서 준비 자세를 취한다.

(1) 좌측 후위 진행(홉 스텝) 포핸드 하이 클리어

[상대편 코트에서 언더 클리어를 좌측 후위 쪽 타격을 보면서]

  좌측 후위 진행 예상 경로로 마중 가는 방향으로 낮게 굽혔던 양쪽 무릎이 왼발은 7시 방향, 오른발은 1시 방향으로 틀어 올리며(스플릿 스텝) 왼손은 상방으로 떠오르는 셔틀콕을 향해 쭉 뻗어 가리키고 오른손에 그립된 라켓은 어깨 뒤로 20~30° 정도의 각도로 귀 높이까지 가져간다.

[네트를 향해 오는 셔틀콕을 보면서]

  7시 방향으로 틀었던 왼발 앞꿈치의 축을 8시 방향으로 틀어 주면서 셔틀콕과의 거리를 보면서 왼발 뜀뛰기(홉 스텝)를 하고 나서 오른발을 등 뒤로 이동시키고 왼발이 테니스공만큼 살짝 들린다.

[네트를 넘어오는 셔틀콕이 상승 정점에서 포물선을 그리며 낙하하는 것을 의식하며]

  귀 뒤쪽 오른손에 그립된 라켓(왼쪽, 오른쪽 가슴뼈가 순간적으로 활처럼 펴지는 느낌을 받으며)은 손목을 바깥쪽으로 열어주며 준비 그립에서 포핸드 그립(엄지를 중지 옆면에 걸어주는 기분으로 붙이고 힘을 주지 않는다)으로 그립 전환한다.

[셔틀콕이 타격하는 위치에 왔을 때]

왼쪽(가슴뼈, 어깨, 팔꿈치)이 의식적으로 회전을 일으키면서 연동의 힘을 오른쪽(가슴뼈, 어깨, 팔꿈치, 그립된 라켓) 회전에 도움을 올리며 동시에 테니스공만큼 들렸던 왼발 앞꿈치는 등 뒤로 착지하면서 지렛대가 되고 왼쪽 가슴뼈가 뒤로 밀리면서 연동되는 힘을 받았던 오른쪽 가슴뼈가 앞으로 나오면서 자연스런 몸통 회전을 일으키고 머리 뒤로 넘겼던 라켓 헤드는 머리 위쪽 높이에서 접혔던 팔꿈치가 셔틀콕을 향하면서 펴지고 이어서 지렛대가 된 왼발 앞꿈치를 축으로 오른발이 1시 방향으로 1보 전진 이동과 함께 오른손에 라켓은 포핸드 그립으로 중지, 약지, 소지를 당겨주고 엄지는 받쳐주고 검지는 눌러 주면서 라켓 헤드의 탄력과 손목이 닫히(회내 운동)면서 회전되는 힘을 이용하며 셔틀콕을 타격한다.

(2) 우측 전위 진행(런닝 스텝)

[셔틀콕 타격이 완성되면]

지렛대가 됐던 왼발 앞꿈치를 기준으로 오버핸드 스윙이 완성되고 1시 방향으로 내디디며 착지했던 오른발에 이어서 순차적으로 왼발, 오른발 1시 방향으로 내디디며(런닝 스텝) B 포지션에서 준비 그립, 준비 자세 후 스플릿 스텝을 취한다.

1. 배드민턴 경기 운영 방식
2. 배드민턴 복식 서비스
3. 배드민턴 복식 스코어
4. 공격 대형에서 로테이션
5. 수비 대형에서 로테이션

1
배드민턴 경기 운영 방식
(21점 득점제)

1) 서틀콕을 배드민턴 라켓 스윙 타격으로 상대 코트 위로 높게 띄웠다가 떨구었을 때(토스) 서틀콕의 코르크가 가리키는 방향 코트에서 서비스나 코트 선택권 중에 1개를 선택하는데 대체로 공격권을 선택한다.

2) 0점, 짝수 점수일 때는 오른쪽 코트에서 홀수 점수일 때는 왼쪽 코트에서 대각 맞은편 코트로 서비스를 한다.

◆ 예를 들어서, **"찰리, 해리"**팀이 서비스 권한을 가지고 연속으로 서비스를 할 때

(1) [0:0, 먼저 "서버/리시버"를 각 팀에서 정한다.]

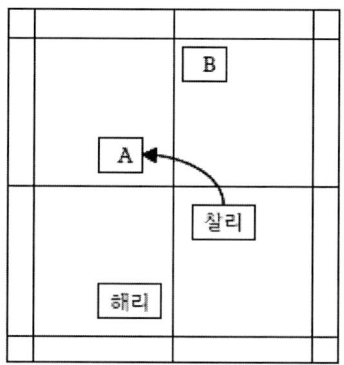

- 서비스 권한을 가진 **"찰리"**가 오른쪽 코트(0점, 짝수)에서 셔틀콕을 대각으로 맞은편 코트 리시버 **"A"**에게 서비스를 한다.

(2) [0:1, 서비스 권한을 가진 "**찰리, 해리**"팀이 1득점]

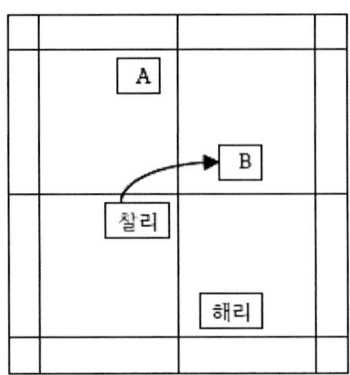

- "**찰리**"는 왼쪽 코트(홀수 점수)로 이동해서 셔틀콕을 대각으로 맞은편 코트 리시버 "B"에게 서비스를 한다.

(3) "**찰리, 해리**"팀이 연속 득점하고 계속해서 서비스를 넘긴 "**찰리**"가 짝수 점수(우측 코트), 홀수 점수(좌측 코트)를 가지고 이동해서 상대팀의 대각 맞은편 코트 리시버에게 서비스를 한다. 이때, 득점이 없는 "AB"팀의 "A", "B"는 코트 변경 없이 "**찰리**"의 서비스를 대각 맞은편 코트 리시버가 돼서 서비스를 받는다.

3) 양팀 중에서 "11점"을 먼저 도달한 팀이 있을 때, 양팀 코트를 서로 변경한다.

4) 양팀 중에 21점을 먼저 득점하면 승리한다. 하지만 20:20 듀스가 되면 먼저 2점 차이 득점을 하면 승리한다. 연속해서 29:29까지 간다면 30점을 먼저 득점하면 승리한다.

예를 들어서,

| 21:19, | 22:20, | 24:22, | … 30:29 |
| 승 | 승 | 승 | 승 |

2
배드민턴 복식 서비스

1) 숏 서비스

- 숏 서비스 라인과 센터라인 가까운 안쪽에서 다리는 어깨 넓이 정도까지 벌려주고 나서 오른발과 몸통에 무게 중심을 두고 왼발을 한보 뒤에서 앞꿈치만 지대에 대고 뒤꿈치가 들리면서 자연스럽게 서서 서비스를 받는 대각 맞은편 코트의 상대편(위치, 자세 등)을 의식하며 왼손에는 셔틀콕의 깃털 끝부분을 엄지와 검지로 집고 오른손에는 백핸드 그립으로 라켓을 그립하고 나서 등 뒤로 옮겨주고 서비스를 받는 상대편(위치, 자세 등)을 보면서 소지를 폈다 접어서 "숏 서비스" 싸인을 같은 편 동료에게 보낸다.

싸인이 끝나면 왼손은 편하게 팔꿈치를 펴서 셔틀콕을 허리 라인 정도 높이까지 둬서 셔틀콕 코르크와 오른손에는 백핸드 그립으로 몸통 앞으로 옮기며 라켓 헤드를 옆으로 세워서 비스듬히 아래쪽 방향으로 향하면서 맞대고 나면 본인 몸통과 왼손에 있는 셔틀콕과의 거리에서 대각 맞은편 코트를 응시하며 3~4초간 자세 정지후 손목 스냅(회외 운동)이 가볍게 미는 기분으로 셔틀콕을 타격해서 네트를 낮게 넘겨 리시버 코트 안으로 넘긴다. (셔틀콕이 라인에 닿아도 유효!) 동시에 셔틀콕이 타격된 자세에서 뒤에 있던 왼발은 한보 앞으로 내디디면서 왼발과 오른발은 어깨 넓이 정도까지 벌려주고 준비 자세를 취한다.

2) 롱 서비스

- 숏 서비스가 반복 숙달되면 같은 자세에서 셔틀콕에 높고 강한 손목 스냅으로 롱 서비스를 수월하게 구사할 수 있다. 이때, 셔틀콕의 콕을 진행 방향으로 숏 서비스 때보다 조금 더 바깥쪽을 향한다.

폴트 Fault
- 상대방이 서비스를 받을 준비가 되지 않았을 때 갑자기 하는 서비스.
- 셔틀콕의 높이가 1.15m 이상에서 타격하는 경우.
- 셔틀콕 코르크를 타격해서 서비스하지 않고 코르크와 깃털을 동시 타격하는 경우.

3
배드민턴 복식 스코어

♦ EX, 배드민턴 복식("찰리, 해리", "A, B")에서 "찰리, 해리"팀이 서비스 권한을 가지고 게임에 임한다.

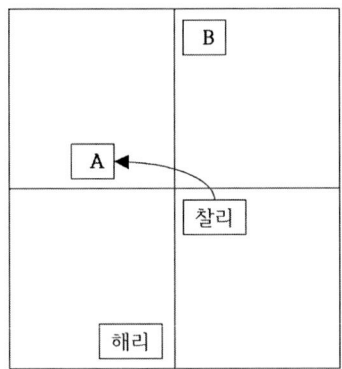

1) [먼저, 서버 / 리시버를 각 팀에서 정한다. 0:0]
- 서비스 권한을 가진 **"찰리"**가 오른쪽 코트(0점, 짝수)에서 셔틀콕을 대각으로 맞은편 코트 리시버 "A"에게 서비스를 한다.

2) [서비스 권한을 가진 "**찰리, 해리**"팀이 1점 득점 0:1]
- "**찰리**"는 왼쪽 코트(홀수 점수)로 이동해서 셔틀콕을 대각으로 맞은편 코트 리시버 "B"에게 서비스를 한다.

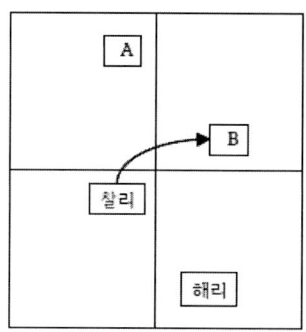

3) ["**찰리, 해리**"팀이 연속으로 1점 득점 0:2]
- "**찰리**"는 오른쪽 코트(짝수 점수)로 이동해서 셔틀콕을 대각으로 맞은편 코트 리시버 "A"에게 서비스를 한다.

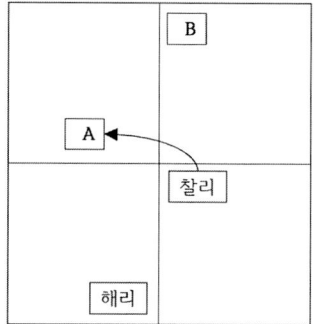

4) [서브를 받던 "A, B"팀이 1점 득점 1:2]
- "B"는 왼쪽 코트(홀수 점수)에서 셔틀콕을 대각으로 코트 리시버 "**해리**"에게 서비스를 한다.

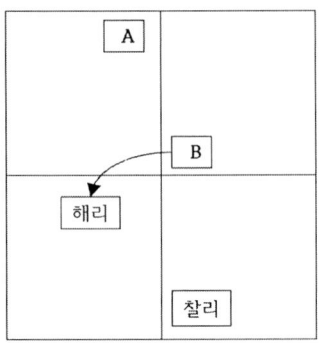

5) ["A, B"팀이 연속으로 1점 득점 2:2]
- "B"는 오른쪽 코트(짝수 점수)로 이동해서 셔틀콕을 대각으로 맞은편 코트 리시버 "**찰리**"에게 서비스를 한다.

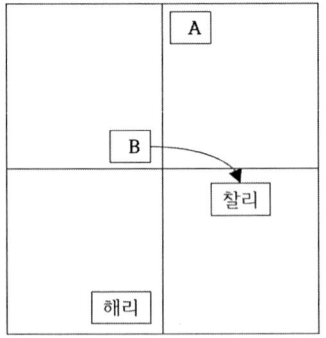

6) ["A, B"팀이 또 다시 연속으로 1점 득점 3:2]
- "B"는 왼쪽 코트(홀수 점수)로 이동해서 셔틀콕을 대각으로 맞은편 코트 리시버 "**해리**"에게 서비스를 한다.

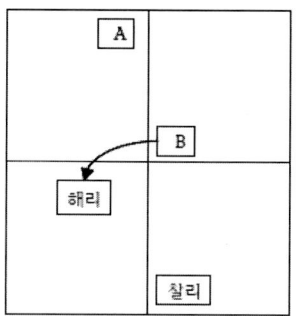

7) [서브를 받던 "**찰리, 해리**"팀이 1점 득점 3:3]
- "**해리**"는 왼쪽 코트(홀수 점수)에서 셔틀콕을 대각으로 맞은편 코트 리시버 "B"에게 서비스를 한다.

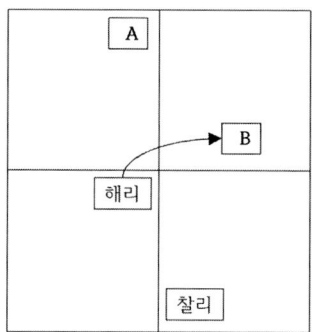

8) [서브를 받던 "A, B"팀이 1점 득점 4:3]

- "A"는 오른쪽 코트(짝수 점수)에서 셔틀콕을 대각으로 맞은편 코트 리시버 **"찰리"**에게 서비스를 한다.

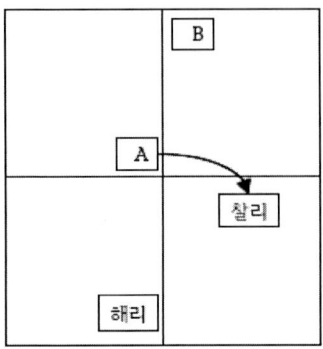

4
공격 대형에서 로테이션

* ↑넘긴 셔틀콕

1) 숏 서비스

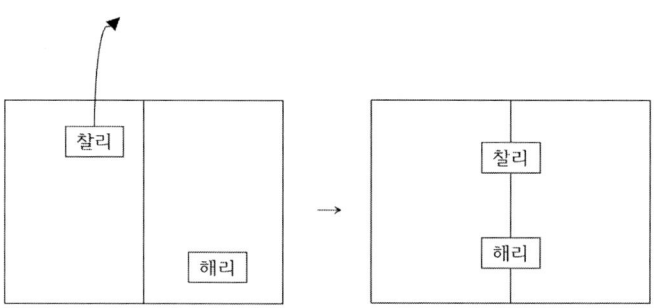

[공격 대형 유지]

2) 롱 서비스

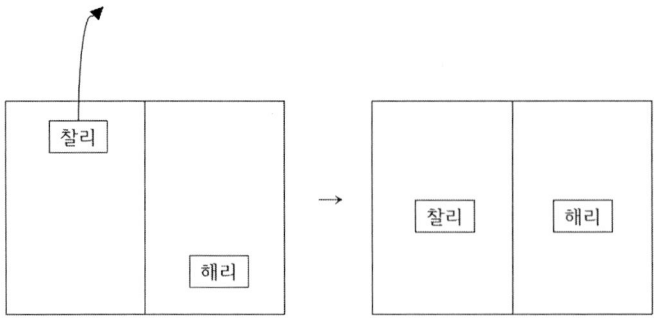

[수비 대형 전환]

3) 헤어핀

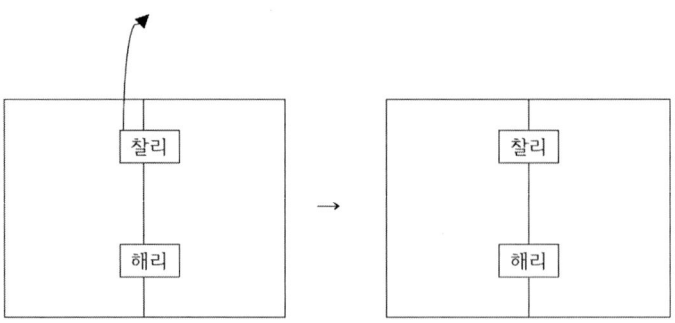

[공격 대형 유지]

4) 푸시

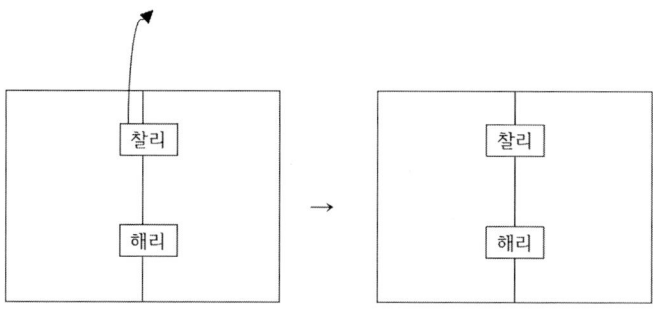

[공격 대형 유지]

5) (수비형) 드라이브

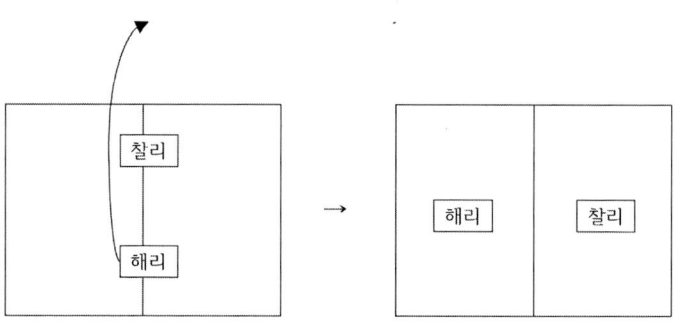

[수비 대형 전환]

6) 언더 클리어

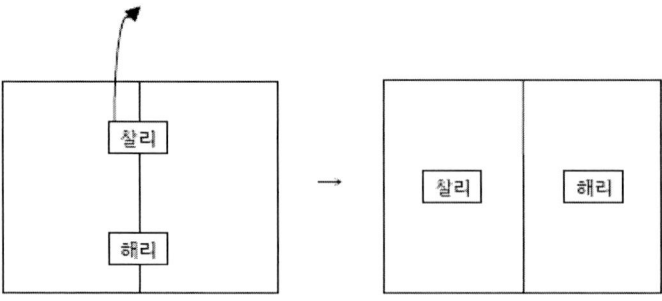

[수비 대형 전환]

7) 하이 클리어

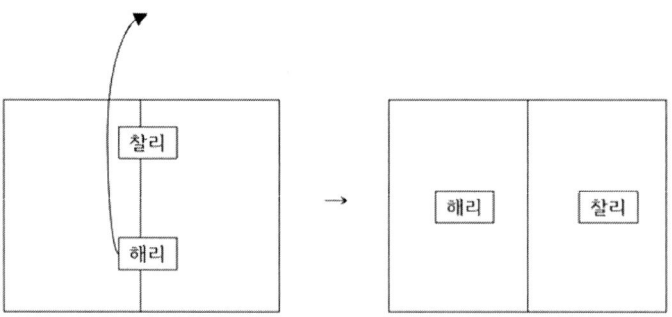

[수비 대형 전환]

8) 드롭

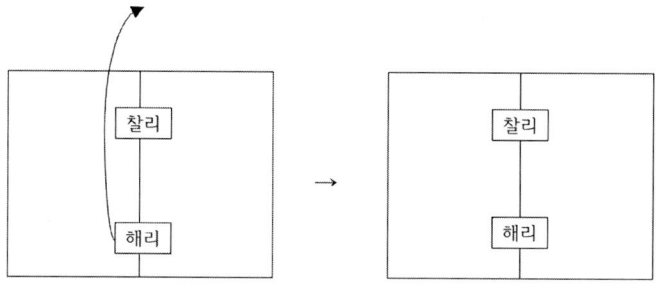

[공격 대형 유지]

9) 스매싱

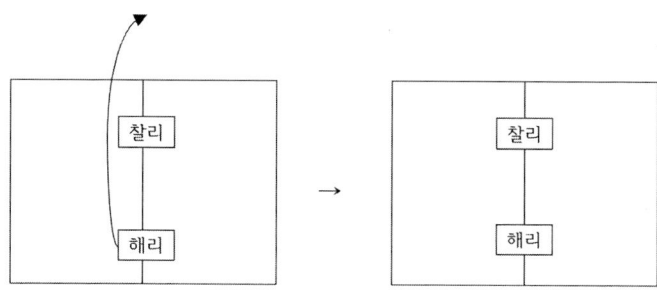

[공격 대형 유지]

 팁

공격 대형에서 로테이션

[공격 대형 유지] 숏 서비스, 헤어핀, 푸시, 드롭, 스매싱
[수비 대형 전환] 롱 서비스, (수비적) 드라이브, 언더 클리어, 하이 클리어

5
수비 대형에서 로테이션

* ↑넘긴 셔틀콕

1) 헤어핀

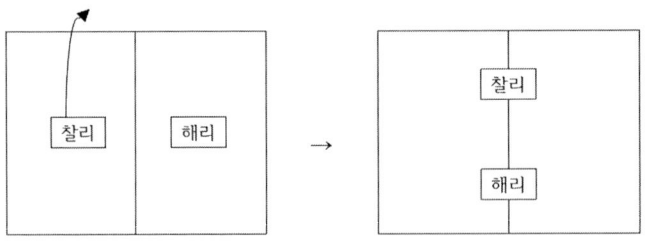

[공격 대형 전환]

2) 푸시

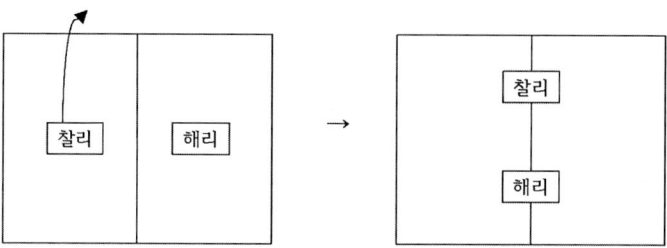

[공격 대형 전환]

3) (수비형) 드라이브

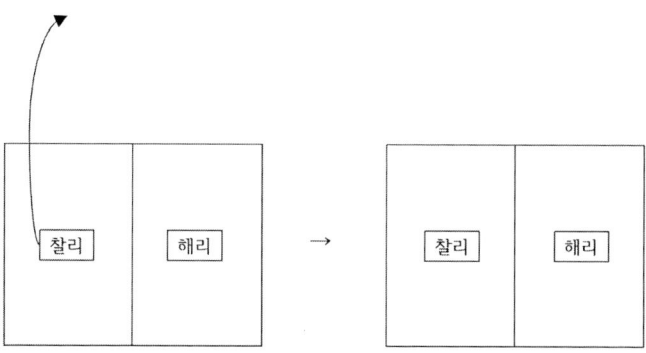

[수비 대형 유지]

4) 언더 클리어

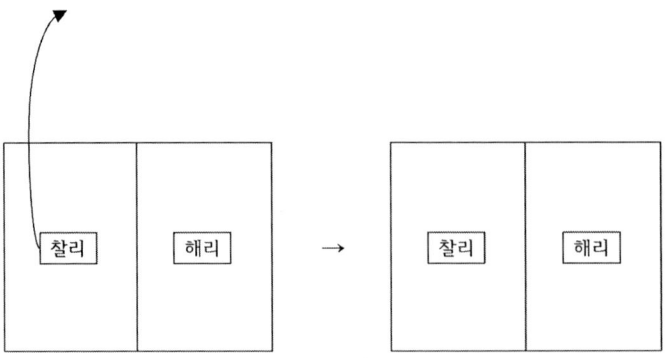

[수비 대형 유지]

5) 하이 클리어

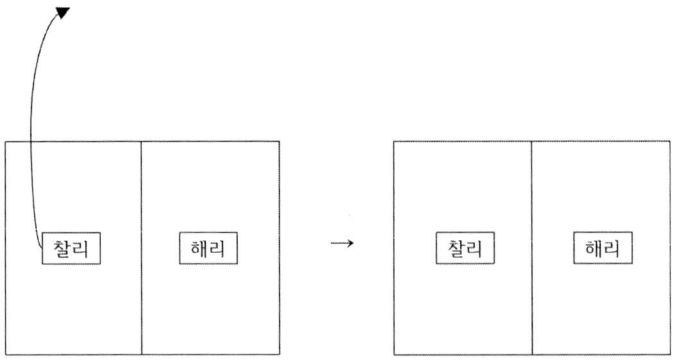

[수비 대형 유지]

6) 드롭

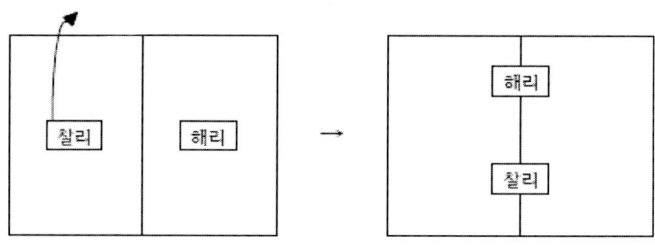

[공격 대형 전환]

7) 스매싱

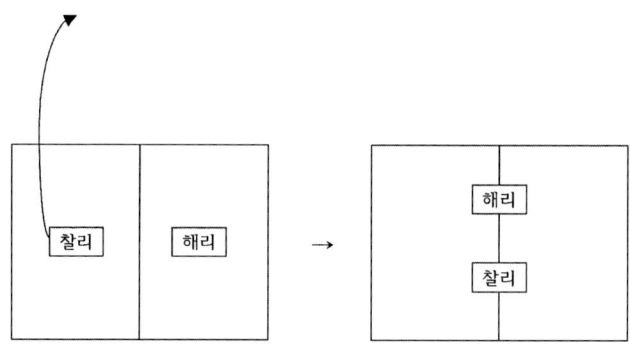

[공격 대형 전환]

 팁

수비 대형에서 로테이션
[수비 대형 유지] (수비적) 드라이브, 언더 클리어, 하이 클리어
[공격 대형 전환] 헤어핀, 푸시, 드롭, 스매싱

1. 배드민턴 라켓과 셔틀콕
2. 배드민턴 코트 규격

1
배드민턴 라켓과 셔틀콕

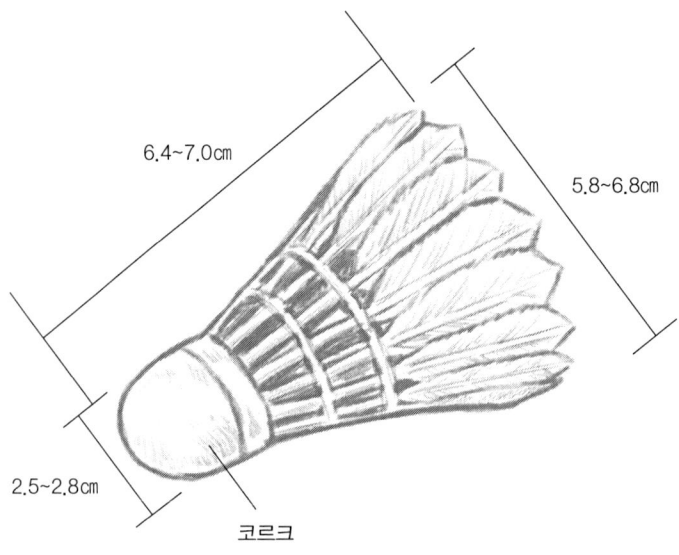

6.4~7.0cm

5.8~6.8cm

2.5~2.8cm

코르크

셔틀콕(shuttlecock)
- 깃털: 16개
- 무게: 4.5~5.5g

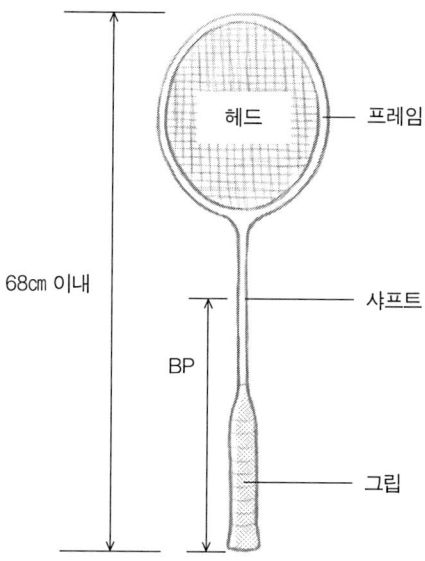

♦ 라켓의 무게 중심점(Balance Point, B.P)는 라켓의 그립 하단에서 샤프트의 중간거리를 말한다.

〈무게 구분〉

2U	90~96g
3U	85~89g
4U	**81~84g (대중적)**
5U	75~80g
6U	70~75g

* 대개 U단위로 무게 구분

B.P(Balance Point)

	리플레이스먼트 그립, 노 거트 (Replacement grip), (No-Gut)	
공격형	헤드 헤비 (Head Heavy)	305mm 이상
올라운드형	이븐 밸런스 (Even Balance)	295mm 전후
수비형	헤드 라이트 (Head Light)	285mm

2
배드민턴 코트 규격

배드민턴 코트 규격(단위 m)

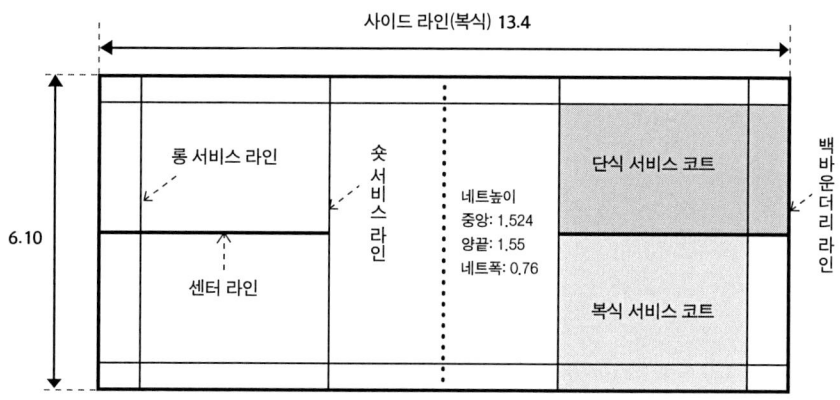

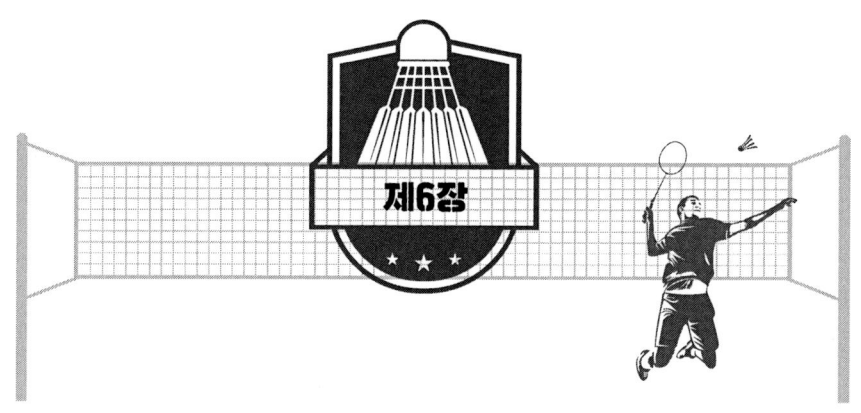

1. 스매싱
2. 직선 전위 진행 헤어핀 & 직선 후위 진행 하이 클리어
3. 직선 전위 진행 푸시 & 직선 후위 진행 스매싱

1
스매싱

🏸 **RS** 포지션에서 라켓은 준비 그립을 잡고 팔꿈치는 전방을 향하면서 양팔이 삼각형 모양을 만들고 라켓 그립이 눈높이 정도까지 올린다. 다리는 어깨 넓이 정도까지 벌려주고 자연스럽게 서서 상대편 코트를 주시한다.

[상대편 코트의 셔틀콕이 언더 클리어로 타격하는 것을 보면서]

오른발을 등 뒤로 빼면서 오른발 앞꿈치는 3시 방향을 가리키며 착지하고 왼발 뒤꿈치는 살짝 들리게 된다. 왼손은 떠오르는 셔틀콕을 향해 쭉 뻗어 가리키고 몸통은 오른쪽 등 뒤로 틀어 오른손에 그립된 라켓은 어깨 뒤로 20~30° 정도의 각도로 귀 높이까지 가져간다.

[네트를 넘어오는 셔틀콕이 상승 정점에서 포물선 낙하하는 것을 의식하며]

귀 뒤쪽 오른손에 그립된 라켓(왼쪽, 오른쪽 가슴뼈가 순간적으로 활처럼 퍼지는 느낌을 받으며)은 손목 스냅과 함께 손목을 바깥쪽으로 열어주며 준비 그립에서 포핸드 그립으로 그립 전환하고 왼발 앞꿈치는 1시 방향으로 살짝 틀어진다. 이때, 오른쪽 팔꿈치는 어깨 높이 밑으로 빠지지 않게 수평을 유지한다(팔꿈치가 어깨 밑으로 빠지게되면 셔틀콕을 타격하는 높이가 낮아지고 타격한 셔틀콕이 네트 밴드 밑에서 걸리게 된다).

[셔틀콕이 스매싱 타격되는 위치에 왔을 때]

왼쪽(가슴뼈, 어깨, 팔꿈치)이 의식적으로 반원 회전을 일으키면서 연동의 힘을 오른쪽(가슴뼈, 어깨, 팔꿈치, 그립된 라켓) 회전에 도움을 올리며 동시에 1시 방향으로 틀어졌던 왼발 앞꿈치는 오른발 옆까지 끌어오며 셔틀콕 타격에 있어서 순간적으로 지렛대가 되고 왼쪽 가슴뼈가 반원 회전으로 뒤로 밀리면 연동되는 힘을 받았던 오른쪽 가슴뼈가 앞으로 나오면서 자연스러운 몸통 회전을 일으키고 머리 뒤로 넘어갔던 라켓 헤드(마음속으로 하이 클리어 리듬감보다 빠른 "둘~, 셋" 셈하는 리듬감을 가지고)는 머리 위쪽 높이보다 조금 앞에서 접혔던 팔꿈치가 셔틀콕을 향하면서 펴지고 이어서 손목 스냅과 함께 바깥쪽으로 열었던 손목은 포핸드 그립으로 셔틀콕이 타격하기 전에 지렛대가 된 왼발 앞꿈치를 축으로 오른발이 12시 방향 1보 전진 이동과 함께 중지, 약지, 소지를 당겨주고 엄지는 받쳐주고 검지는 눌러 주면서 라켓 헤드의 탄력과 손목이 닫히면서 회전되는 힘을 이용하며 셔틀콕을 타격한다(스매싱이 클리어보다 강하게 때려야 한다고 생각할 수 있으나 그렇지 않고 셔틀콕이 타격하는 손목 스냅이 조금 가볍고 빠르게 회전되어야 한다).

[셔틀콕 타격이 완성되면]

   지렛대가 됐던 왼발 앞꿈치는 12시 방향 1보 전진 이동과 함께 오른발 옆으로 이동 착지하고 출발했던 포지션에 자리잡고 준비 그립, 준비 자세를 취한다.

 팁

어져스트 먼트 스텝(Adjustment Step, 잔발)
임팩트 지점에서 셔틀콕과의 거리를 맞추기 위해서 사용하는 스텝

2
직선 전위 진행 헤어핀 & 직선 후위 진행 하이 클리어

1) 우측에서 직선 전위 진행 포핸드 헤어핀 & 직선 후위 진행 하이 클리어

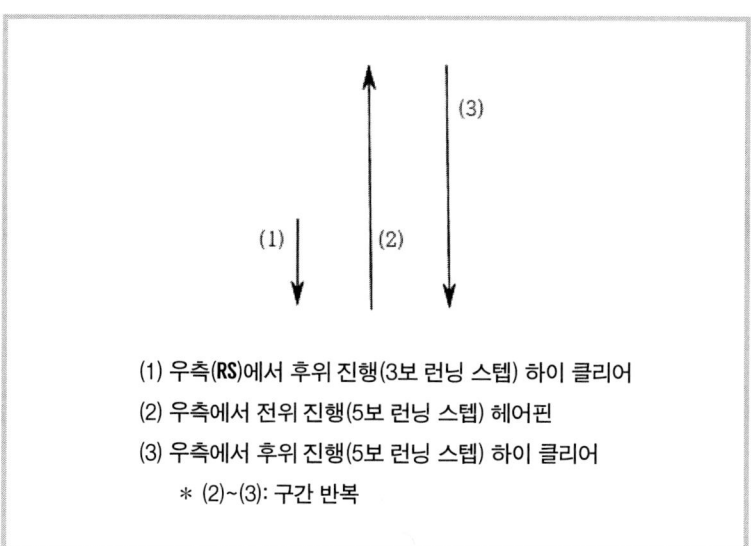

(1) 우측(RS)에서 후위 진행(3보 러닝 스텝) 하이 클리어
(2) 우측에서 전위 진행(5보 러닝 스텝) 헤어핀
(3) 우측에서 후위 진행(5보 러닝 스텝) 하이 클리어
  * (2)~(3): 구간 반복

 RS 포지션에서 준비 자세, 준비 그립을 취한다.

(1) 우측(RS)에서 후위 진행(3보 러닝 스텝) 하이 클리어

[상대편 코트에서 언더 클리어를 후위 쪽 타격을 보면서]

 후위 진행 예상 경로로 마중 가는 방향으로 낮게 굽혔던 양쪽 무릎이 (1보) 오른발을 등 뒤 6시 방향으로 내디디고(스플릿 스텝) 왼손은 상방으로 떠오르는 셔틀콕을 향해 쭉 뻗어 가리키고 오른손에 그립된 라켓은 어깨 뒤로 20~30° 정도의 각도로 귀 높이까지 가져간다.

[네트를 높게 넘어오는 셔틀콕을 보면서]

 등 뒤 6시 방향으로 내디뎠던 오른발에 이어서 (2보) 왼발도 등 뒤 6시 방향으로 내디디고 나서 다시 (3보) 오른발을 6시 방향으로 내디디고 왼발을 테니스공만큼 살짝 들리면서 네트를 넘어오는 셔틀콕이 상승 정점에서 포물선을 그리며 낙하하는 것을 의식하고 귀 뒤쪽 오른손에 그립된 라켓(왼쪽, 오른쪽 가슴뼈가 순간적으로 활처럼 펴지는 느낌을 받으며)은 손목 스냅과 함께 손목을 바깥쪽으로 열어주며 준비 그립에서 포핸드 그립으로 그립 전환한다.

[셔틀콕이 타격하는 위치에 왔을 때]

 왼쪽(가슴뼈, 어깨 팔꿈치)이 의식적으로 회전을 일으키면서 연동의 힘을 오른쪽(가슴뼈, 어깨, 팔꿈치, 그립된 라켓) 회전에 도움

을 올리며 동시에 테니스공만큼 들렸던 왼발 앞꿈치는 등 뒤로 착지하면서 지렛대가 되고 왼쪽 가슴뼈가 뒤로 밀리면서 연동되는 힘을 받았던 오른쪽 가슴뼈가 앞으로 나오면서 자연스런 몸통 회전을 일으키고 머리 뒤로 넘겼던 라켓 헤드는 접혔던 팔꿈치가 셔틀콕을 향하면서 펴지고 이어서 지렛대가 된 왼발 앞꿈치를 축으로 (1보) 오른발이 12시 방향 1보 전진 이동과 함께 오른손에 라켓을 포핸드 그립으로 중지, 약지, 소지를 당겨주고 엄지는 받쳐주고 검지는 눌러 주면서 라켓 헤드의 탄력과 손목이 닫히면서 회전되는 힘을 이용하며 셔틀콕이 하이 클리어로 타격한다.

(2) 우측에서 전위 진행(5보 런닝 스텝) 헤어핀

[셔틀콕이 하이 클리어 타격 완성되면]

　오버핸드 스윙으로 왼쪽 겨드랑이 밑으로 옮겼던 라켓 헤드는 (2보) 왼발을 12시 방향 전진 이동과 함께 양 팔꿈치는 전방을 향하면서 양팔이 삼각형 모양을 만들고 라켓 그립이 눈높이 정도까지 올려 주며 준비 그립을 취하고 (3보) 오른발, (4보) 왼발을 12시 방향으로 순차적으로 내서 디딘다.

[셔틀콕이 전방에서 네트 앞으로 붙이는 헤어핀 타격을 보면서]

　왼쪽 아래팔과 팔꿈치는 아래로 내려서 아래팔을 등 뒤로 향하고 오른손에 그립된 라켓은 준비 그립에서 손목 스냅과 함께 포핸드 그립으로 손목을 바깥쪽으로 틀어서 셔틀콕의 콕과 수직으로 받게끔 열면 소지, 약지, 중지의 손톱이 눈높이(어깨 정도의 높이)보다 낮게 보이고 손바닥과 라켓 그립에서 약간의 공간이 있게끔 가볍게 그립하며 (5보) 오른발을 크게 1시 방향으로 무릎이 "ㄱ"자를 만들면서 내디디면 왼발 뒤꿈치가 들리면서 살짝 끌리고 "ㄱ"자로 만들어진 오른발과 몸통에 중심을 두며 오른손에 가볍게 그립된 라켓은 네트 안쪽으로 타고 내려오는 셔틀콕보다 낮은 높이에서 가볍게 잡고 밀어서 라켓 헤드의 탄력을 이용해서 헤어핀으로 타격한다.

(3) 우측에서 후위 진행(5보 런닝 스텝) 하이 클리어

[헤어핀으로 셔틀콕 타격이 완성되면]

상대편 코트에서 언더 클리어를 후위 쪽 타격을 보면서 후위 진행 예상 경로로 마중 가는 방향으로 (1보) 오른발을 등 뒤 6시 방향으로 내디디며 등 뒤로 내렸던 왼쪽 아래팔과 헤어핀 타격 했던 오른손은 준비 그립으로 양팔이 삼각형 모양을 만들고 이어서 (2보) 왼발, (3보) 오른발, (4보) 왼발 착지하고 오른쪽 어깨를 등 뒤로 틀면서 왼손은 떠오르는 상승 정점의 셔틀콕을 향해 쭉 뻗어 가리키고 셔틀콕이 타격하는 위치에 왔을 때 (5보) 오른발 착지와 동시에 오버핸드 스윙으로 하이 클리어로 타격한다.

2) 좌측에서 직선 전위 진행 백핸드 헤어핀 & 직선 후위 진행 하이 클리어

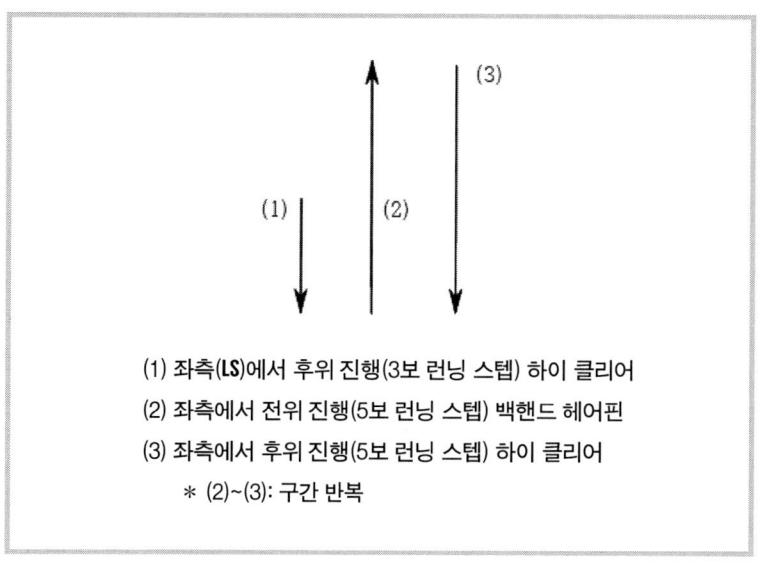

(1) 좌측(LS)에서 후위 진행(3보 러닝 스텝) 하이 클리어
(2) 좌측에서 전위 진행(5보 러닝 스텝) 백핸드 헤어핀
(3) 좌측에서 후위 진행(5보 러닝 스텝) 하이 클리어
  * (2)~(3): 구간 반복

 LS 포지션에서 준비 자세, 준비 그립을 취한다.

(1) 좌측(LS)에서 후위 진행(3보 러닝 스텝) 하이 클리어

[상대편 코트에서 언더 클리어를 후위 쪽 타격을 보면서]

　후위 진행 예상 경로로 마중 가는 방향으로 낮게 굽혔던 양쪽 무릎이 (1보)오른발을 등 뒤 6시 방향으로 내디디고(스플릿 스텝) 왼손은 상방으로 떠오르는 셔틀콕을 향해 쭉 뻗어 가리키고 오

른손에 그립된 라켓은 어깨 뒤로 20~30° 정도의 각도로 귀 높이까지 가져간다.

[네트를 높게 넘어오는 셔틀콕을 보면서]

등 뒤 6시 방향으로 내디뎠던 오른발에 이어서 (2보)왼발도 등 뒤로 내디디고 나서 다시 (3보)오른발도 6시 방향으로 내디디고 왼발을 테니스공만큼 살짝 들리면서 네트를 넘어오는 셔틀콕이 상승 정점에서 포물선을 그리며 낙하하는 것을 의식하고 귀 뒤쪽 오른손에 그립된 라켓(왼쪽, 오른쪽 가슴뼈가 순간적으로 활처럼 펴지는 느낌을 받으며)은 손목 스냅과 함께 손목을 바깥쪽으로 열어주며 준비 그립에서 포핸드 그립으로 그립 전환한다.

[셔틀콕이 타격하는 위치에 왔을 때]

왼쪽(가슴뼈, 어깨, 팔꿈치)이 의식적으로 회전을 일으키면서 연동의 힘을 오른쪽(가슴뼈, 어깨, 팔꿈치, 그립된 라켓) 회전에 도움을 올리며 동시에 테니스공만큼 들렸던 왼발 앞꿈치는 등 뒤로 착지 되면서 지렛대가 되고 왼쪽 가슴뼈가 뒤로 밀리면서 연동되는 힘을 받았던 오른쪽 가슴뼈가 앞으로 나오면서 자연스런 몸통 회전을 일으키고 머리 뒤로 넘겼던 라켓 헤드는 접혔던 팔꿈치가 셔틀콕을 향하면서 펴지고 이어서 지렛대가 된 왼발 앞꿈치를 축으로 (1보)오른발이 12시 방향 1보 전진 이동과 함께 오른손에 라켓은 포핸드 그립으로 중지, 약지, 소지를 당겨주고 엄지는 받쳐주고 검지는 눌러 주면서 라켓 헤드의 탄력과 손목이 닫히면서 회전되는 힘을 이용하며 셔틀콕을 하이 클리어로 타격한다.

(2) 좌측에서 전위 진행(5보 런닝 스텝) 백핸드 헤어핀

[셔틀콕이 하이 클리어 타격 완성되면]

　오버핸드 스윙으로 왼쪽 겨드랑이 밑으로 옮겼던 라켓 헤드는 (2보)왼발을 12시 방향 전진 이동과 함께 양 팔꿈치는 전방을 향하면서 양팔이 삼각형 모양을 만들고 라켓 그립이 눈 높이 정도까지 올려 주며 준비 그립을 취하고 (3보)오른발, (4보)왼발을 12시 방향으로 순차적으로 내서 디딘다.

[셔틀콕이 전방에서 네트 앞으로 붙이는 헤어핀 타격을 보면서]

　왼쪽 아래팔과 팔꿈치는 아래로 내려서 아래팔을 등 뒤로 향하고 오른손에 그립된 라켓은 준비 그립에서 손목 스냅과 함께 백핸드 그립으로 손목을 안쪽으로 틀어서 셔틀콕의 콕과 수직으로 받겠금 닿으면 손등이 눈 높이(어깨 높이 정도)보다 낮게 보이고 손바닥과 라켓 그립에서 약간의 공간이 있겠금 가볍게 그립하며 오른발을 크게 11시 방향으로 무릎이 "ㄱ"자를 만들면서 내디디면 왼발 뒤꿈치가 들리면서 살짝 끌리고 "ㄱ"자로 만들어진 오른발과 몸통에 무게 중심을 두며 오른손에 가볍게 그립된 라켓은 네트 안쪽으로 타고 내려오는 셔틀콕보다 낮은 높이에서 가볍게 잡고 밀어서 라켓 헤드의 탄력을 이용해서 헤어핀으로 타격한다.

(3) 좌측에서 후위 진행(5보 런닝 스텝) 하이 클리어

[헤어핀으로 셔틀콕 타격이 완성되면]

상대편 코트에서 언더 클리어를 후위 쪽 타격을 보면서 후위 진행 예상 경로로 마중가는 방향으로 (1보)오른발을 등 뒤 6시 방향으로 내디디며 등 뒤로 내렸던 왼쪽 아래팔과 헤어핀 타격 했던 오른손은 준비 그립으로 양팔이 삼각형 모양을 만들고 이어서 (2보)왼발, (3보)오른발, (4보)왼발 착지하고 오른쪽 어깨를 틀면서 왼손은 떠오르는 상승 정점의 셔틀콕을 향해 쭉 뻗어 가리키고 셔틀콕이 타격하는 위치에 왔을 때 (5보)오른발 착지와 동시에 오버핸드 스윙으로 하이 클리어로 타격한다.

3
직선 전위 진행 푸시 & 직선 후위 진행 스매싱

1) 우측에서 직선 전위 진행 포핸드 푸시 & 직선 후위 진행 스매싱

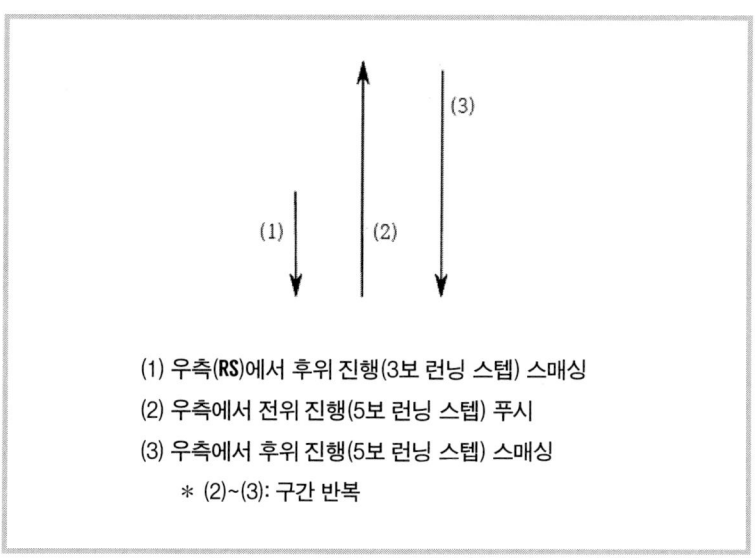

(1) 우측(**RS**)에서 후위 진행(3보 러닝 스텝) 스매싱
(2) 우측에서 전위 진행(5보 러닝 스텝) 푸시
(3) 우측에서 후위 진행(5보 러닝 스텝) 스매싱
  * (2)~(3): 구간 반복

 RS 포지션에서 준비 자세, 준비 그립을 취한다.

(1) 우측(RS)에서 후위 진행(3보 런닝 스텝) 스매싱

[상대편 코트에서 언더 클리어를 후위 쪽 타격을 보면서]

  후위 진행 예상 경로로 마중 가는 방향으로 낮게 굽혔던 양쪽 무릎이 (1보)오른발을 등 뒤 6시 방향으로 내디디고(스플릿 스텝) 왼손은 상방으로 떠오르는 셔틀콕을 향해 쭉 뻗어 가리키고 오른손에 그립된 라켓은 어깨 뒤로 20~30° 정도의 각도로 귀 높이까지 가져간다.

[네트를 높게 넘어오는 셔틀콕을 보면서]

  등 뒤 6시 방향으로 내디뎠던 오른발에 이어서 (2보)왼발도 등 뒤로 내디디고 나서 다시 (3보)오른발을 6시 방향으로 내디디고 나면 왼발은 테니스공만큼 살짝 들리면서 네트를 넘어오는 셔틀콕이 상승 정점에서 포물선을 그리며 낙하하는 것을 의식하고 귀 뒤쪽 오른손에 그립된 라켓(왼쪽, 오른쪽 가슴뼈가 순간적으로 활처럼 펴지는 느낌을 받으며)은 손목 스냅과 함께 손목을 바깥쪽으로 열어주며 준비 그립에서 포핸드 그립으로 그립 전환하고 왼발 앞꿈치는 1시 방향으로 살짝 틀어진다. 이때, 오른쪽 팔꿈치는 어깨 높이 밑으로 빠지지 않게 수평을 유지한다.(팔꿈치가 어깨 밑으로 빠지게 되면 셔틀콕이 타격하는 높이가 낮아지고 타격된 셔틀콕이 네트 밴드 밑에서 걸리게 된다.)

[셔틀콕이 스매싱 타격하는 위치에 왔을 때]

　왼쪽(가슴뼈, 어깨, 팔꿈치)이 의식적으로 반원 회전을 일으키면서 연동의 힘을 오른쪽(가슴뼈, 어깨, 팔꿈치, 그립된 라켓) 회전에 도움을 올리며 동시에 1시 방향으로 틀어졌던 왼발 앞꿈치는 오른발 옆까지 끌어오며 셔틀콕 타격에 있어서 순간적으로 지렛대가 되고 왼쪽 가슴뼈가 반원 회전으로 뒤로 밀리면서 연동되는 힘을 받았던 오른쪽 가슴뼈가 앞으로 나오면서 자연스런 몸통 회전을 일으키고 머리 뒤로 넘어갔던 라켓 헤드(마음속으로 하이 클리어 리듬감보다 빠른 "둘~, 셋" 셈하는 리듬감을 가지고)는 머리 위쪽 높이보다 조금 앞에서 접혔던 팔꿈치가 셔틀콕을 향하면서 펴지고 이어서 손목 스냅과 함께 바깥쪽으로 열었던 손목은 포핸드 그립으로 셔틀콕이 타격하기 전에 지렛대가 된 왼발 앞꿈치를 축으로 (1보)오른발이 12시 방향 1보 전진 이동과 함께 중지, 약지, 소지를 당겨주고 엄지는 받쳐주고 검지는 눌러 주면서 라켓 헤드의 탄력과 손목이 닫히면서 회전되는 힘을 이용하며 셔틀콕이 타격한다(스매싱이 하이 클리어보다 강하게 때려야 한다고 생각될 수 있으나 그렇지 않고 셔틀콕이 타격하는 손목 스냅이 조금 가볍고 빠르게 회전되어야 한다).

(2) 우측에서 전위 진행(5보 런닝 스텝) 푸시

[셔틀콕이 스매싱 타격 완성되고 상대편에서 짧은 커트를 보면서]

 오버핸드 스윙으로 왼쪽 겨드랑이 밑으로 옮겼던 라켓 헤드는 (2보)왼발을 12시 방향 전진 이동과 함께 양 팔꿈치는 전방을 향하면서 양팔이 삼각형 모양을 만들고 라켓 그립이 눈높이 정도까지 올려주며 준비 그립 취하고 (3보)오른발, (4보)왼발을 12시 방향으로 순차적으로 내서 디딘다.

[상대편에서 짧은 커트가 둥 떠서 네트를 조금 높게 넘어 푸시로 타격하는 위치에 왔을 때]

 왼쪽 아래팔과 팔꿈치는 아래로 내려서 아래팔을 등 뒤로 향하고 오른손에 그립된 라켓은 준비 그립에서 손목 스냅과 함께 포핸드 그립으로 전환 그립하고 팔꿈치는 몸통 앞에 두고 라켓 스윙시 네트 위를 넘지 않을 만큼의 공간을 확보(라켓 헤드는 네트를 넘어오는 셔틀콕에 맞추며 팔꿈치가 50% 정도 펴진다는 느낌)한다. 12시 방향으로 내디뎠던 왼발에 이어서 (5보) 오른발을 1시 방향으로 내디디면서 왼발 뒤꿈치가 들리고 살짝 끌리며 포핸드 그립 손목 스냅으로 셔틀콕이 푸시로 타격한다.

(3) 우측에서 후위 진행(5보 런닝 스텝) 스매싱

[푸시로 셔틀콕 타격이 완성되면]

 상대편 코트에서 언더 클리어를 후위 쪽 타격을 보면서 후위 진행 예상 경로로 마중 가는 방향으로 (1보)오른발을 등 뒤 6시 방향으로 내디디며 등 뒤로 내렸던 왼쪽 아래팔과 푸시로 타격했던 오른손은 준비 그립으로 양팔이 삼각형 모양을 만들고 이어서 (2보)왼발, (3보)오른발, (4보)왼발 착지하고 오른쪽 어깨를 등 뒤로 틀면서 왼손은 떠오르는 상승 정점의 셔틀콕을 향해 쭉 뻗어 가리키고 셔틀콕이 타격하는 위치에 왔을 때 (5보)오른발 착지와 동시에 스매싱으로 타격한다.

2) 좌측에서 직선 전위 진행 백핸드 푸시 & 직선 후위 진행 스매싱

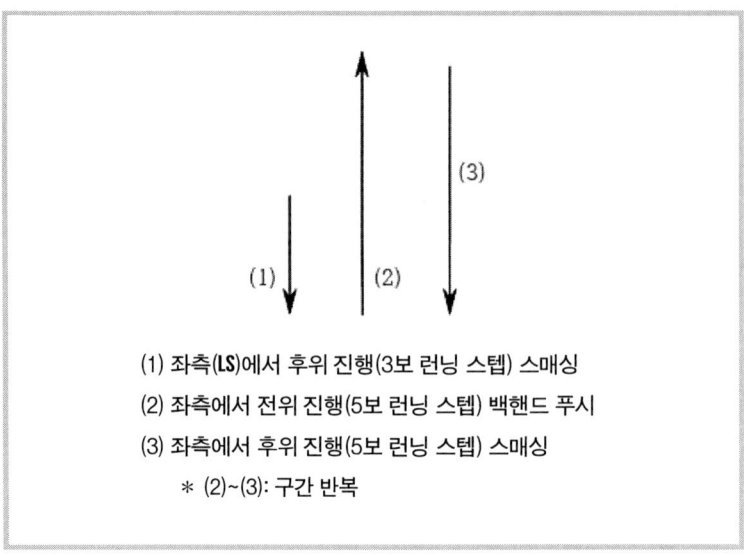

(1) 좌측(LS)에서 후위 진행(3보 런닝 스텝) 스매싱
(2) 좌측에서 전위 진행(5보 런닝 스텝) 백핸드 푸시
(3) 좌측에서 후위 진행(5보 런닝 스텝) 스매싱
  * (2)~(3): 구간 반복

 LS 포지션에서 준비 자세, 준비 그립을 취한다.

(1) 좌측(LS)에서 후위 진행(3보 런닝 스텝) 스매싱

[상대편 코트에서 언더 클리어를 후위 쪽 타격을 보면서]

　후위 진행 예상 경로로 마중 가는 방향으로 낮게 굽혔던 양쪽 무릎이 (1보)오른발 등 뒤 6시 방향으로 내디디고 (스플릿 스텝) 왼손은 상방으로 떠오르는 셔틀콕을 향해 쭉 뻗어 가리키고 오른손에 그립된 라켓은 어깨 뒤로 20~30° 정도의 각도로 귀 높

이까지 가져간다.

[네트를 높게 넘어오는 셔틀콕을 보면서]

등 뒤 6시 방향으로 내디뎠던 오른발에 이어서 (2보)왼발도 등 뒤로 내디디고 나서 다시 (3보)오른발을 6시 방향으로 내디디고 왼발을 테니스공만큼 살짝 들리면서 네트를 넘어오는 셔틀콕이 상승 정점에서 포물선을 그리며 낙하하는 것을 의식하고 귀 뒤쪽 오른손에 그립된 라켓(왼쪽, 오른쪽 가슴뼈가 순간적으로 활처럼 펴지는 느낌을 받으며)은 손목 스냅과 함께 손목을 바깥쪽으로 열어주며 준비 그립에서 포핸드 그립으로 그립 전환하고 왼발 앞꿈치는 1시 방향으로 살짝 틀어진다. 이때, 오른쪽 팔꿈치는 어깨높이 밑으로 빠지지 않게 수평을 유지한다. (팔꿈치가 어깨 밑으로 빠지게 되면 셔틀콕 타격하는 높이가 낮아지고 타격한 셔틀콕이 네트 밴드 밑에서 걸리게 된다)

[셔틀콕이 스매싱 타격하는 위치에 왔을 때]

왼쪽(가슴뼈, 어깨, 팔꿈치)이 의식적으로 반원 회전을 일으키면서 연동의 힘을 오른쪽(가슴뼈, 어깨, 팔꿈치, 그립된 라켓)회전에 도움을 올리며 동시에 1시 방향으로 틀어졌던 왼발 앞꿈치는 오른발 옆까지 끌어오며 셔틀콕 타격에 있어서 순간적으로 지렛대가 되고 왼쪽 가슴뼈가 반원 회전으로 뒤로 밀리면 연동되는 힘을 받았던 오른쪽 가슴뼈가 앞으로 나오면서 자연스런 몸통 회전을 일으키고 머리 뒤로 넘어갔던 라켓 헤드(마음속으로 하이 클리어 리듬감보다 빠른 "둘~, 셋" 셈하는 리듬감을 가지고)는 머리 위쪽 높이보다 조금 앞에서 접혔던 팔꿈치가 셔틀콕을 향하면서 펴지고 이어서 손목 스냅과 함께 바깥쪽으로 열었던 손목은 포핸드 그립으로 셔틀콕이 타격하기 전에 지렛대가 된 왼발 앞꿈치를 축으로 (1보)오른발이 12시 방향 1보 전진 이동과 함께 중지, 약지, 소지를 당겨주고 엄지는 받쳐주고 검지는 눌러주면서 라켓 헤드의 탄력과 손목이 닫히면서 회전되는 힘을 이용하며 셔틀콕이 타격한다. (스매싱이 하이 클리어보다 강하게 때려야 한다고 생각할 수 있으나 그렇지 않고 셔틀콕이 타격하는 손목 스냅이 조금 가볍고 빠르게 회전되어야 한다.)

(2) 좌측에서 전위 진행(5보 런닝 스텝) 백핸드 푸시

[셔틀콕이 스매싱 타격 완성하고 상대편에서 짧은 커트를 보면서]

 오버핸드 스윙으로 왼쪽 겨드랑이 밑으로 옮겼던 라켓 헤드는 (2보)왼발은 12시 방향 전진 이동과 함께 양 팔꿈치는 전방을 향하면서 양팔이 삼각형 모양을 만들고 라켓 그립이 눈높이 정도까지 올려 주며 준비 그립을 취하고 (3보)오른발, (4보)왼발을 12시 방향으로 순차적으로 내서 디딘다.

[상대편에서 짧은 커트가 둥 떠서 네트를 조금 높게 타격되는 위치에 왔을 때]

왼쪽 아래팔과 팔꿈치는 아래로 내려서 아래팔을 등 뒤로 향하고 오른손에 그립된 라켓은 준비 그립에서 손목 스냅과 함께 백핸드 그립으로 전환그립하고 팔꿈치는 몸통 앞에 두고 라켓 스윙시 네트 위를 넘지 않을 만큼의 공간 확보(라켓 헤드는 네트를 넘어오는 셔틀콕에 맞추며 팔꿈치가 50% 정도 펴진다는 느낌)한다. 내디뎠던 왼발에 이어서 (5보)오른발을 11시 방향으로 내디디면서 왼발 뒤꿈치가 들리고 쌀짝 끌리며 백핸드 그립 손목 스냅으로 셔틀콕을 푸시로 타격한다.

(3) 좌측에서 후위 진행(5보 런닝 스텝) 스매싱

[푸시로 셔틀콕 타격이 완성되면]

상대편 코트에서 언더 클리어를 후위 쪽 타격을 보면서 후위 진행 예상 경로로 마중 가는 방향으로 (1보)오른발을 등 뒤 6시 방향으로 내디디며 등 뒤로 내렸던 왼쪽 아래팔과 푸시 타격했던 오른손은 준비 그립으로 양팔이 삼각형 모양을 만들고 이어서 (2보)왼발, (3보)오른발, (4보)왼발 착지하고 오른쪽 어깨를 등 뒤로 틀면서 왼손은 떠오르는 상승 정점의 셔틀콕을 향해 쭉 뻗어 가리키고 셔틀콕이 타격하는 위치에 왔을 때 (5보)오른발 착지와 동시에 스매싱으로 셔틀콕을 타격한다.

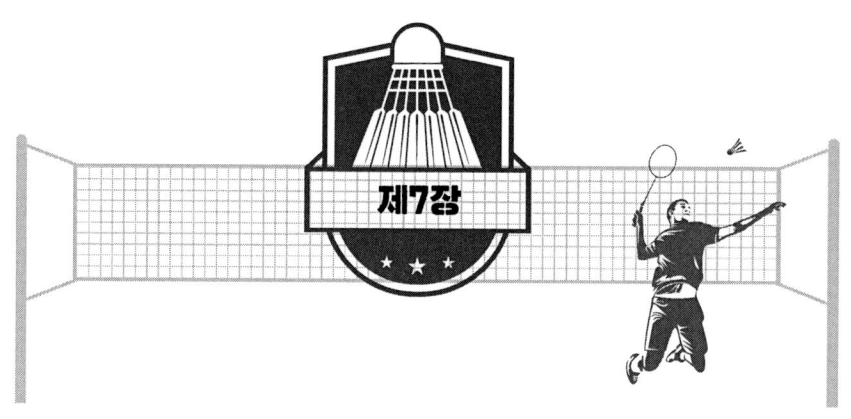

1. 좌우 사이드 스텝 푸시
2. 좌우 원 점프 스매싱
3. 좌우 전위 진행 푸시 & 대각 후위 진행 후 원 점프 스매싱
4. 좌우 전위 진행 푸시 & 직선 후위 진행 후 좌우 원 점프 스매싱

1
좌우 사이드 스텝 푸시

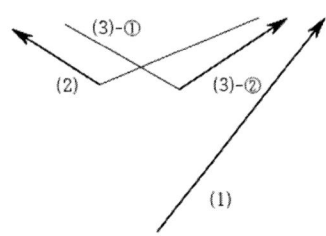

(1) 우측 전위 진행(런닝 스텝) 푸시
(2) 좌측 후위 진행(사이드 스텝) 백핸드 푸시
(3) 우측 전위 진행(① 피벗 스텝, ② 사이드 스텝) 푸시
  * (2)~(3): 구간 반복

 T 포지션에서 준비 자세, 준비 그립을 취한다.

(1) 우측 전위 진행(런닝 스텝) 푸시

[상대편 코트의 셔틀콕이 짧은 커트로 우측 타격을 보면서]

　우측 전위 진행 예상 경로로 낮게 굽혔던 양쪽 무릎을 조금 올리면서 양쪽 발목을 비스듬히 우측으로 탄력 있게 틀고(스플릿 스텝)나서 왼발을 오른발 앞꿈치 위에 1시 방향으로 내디디고 왼쪽 팔꿈치는 아래로 내려서 등 뒤로 하고 (이때, 아래팔을 내리지 않고 접혀진 상태로) 오른손에 그립된 라켓은 준비 그립에서 손목 스냅과 함께 포핸드 그립으로 전환 그립하고 팔꿈치는 몸통 앞에 두고 라켓 스윙시 네트 위를 넘지 않을 만큼의 공간 확보(라켓 헤드는 네트를 넘어오는 셔틀콕에 맞추며 팔꿈치가 50% 정도 펴진다는 느낌)한다.

[네트 위로 둥 떠서 셔틀콕이 푸시로 타격하는 위치에 왔을 때]

　내디뎠던 왼발에 이어서 오른발을 1시 방향으로 내디딤과 함께 포핸드 그립 손목 스냅으로 셔틀콕이 푸시로 타격(회내 운동)한다.

(2) 좌측 후위 진행(사이드 스텝) 백핸드 푸시

[우측 전위 진행 푸시로 셔틀콕 타격이 완성되면]

　셔틀콕 타격과 함께 1시 방향으로 내디뎠던 오른발은 왼발 안쪽까지 좌측 후위 진행 하고 등 뒤로 내렸던 접혀진 왼쪽 아래팔을 내리지 않고 접혀진 상태로 팔꿈치는 전방을 향하면서 양팔이 삼각형 모양을 만들고 이어서 왼발은 탄력있게 좌측 후위 진행으로 밀고(좌측 후위 진행, 사이드 스텝) 오른발은 왼발 안쪽까지 자연스럽게 따라 오고 나서 라켓 헤드를 낮추지 않고 오른손에 그립된 라켓은 손목 스냅과 함께 손목을 닫으면서 백핸드 그립으로 그립 전환하고 팔꿈치는 몸통 앞에 두고 라켓 스윙 시 네트 위를 넘지 않을 만큼의 공간 확보(라켓 헤드는 네트를 넘어오는 셔틀콕에 맞추며 팔꿈치가 50% 정도 펴진다는 느낌)한다.

[네트 위로 셔틀콕이 푸시로 타격하는 위치에 왔을 때]
　왼쪽 팔꿈치는 아래로 내려서 등 뒤로 향하고(이때, 아래팔은 내리지 않고 접혀진 상태로) 왼발 안쪽까지 따라왔던 오른발은 11시 방향으로 내디딤과 함께 백핸드 그립 손목 스냅으로 셔틀콕이 푸시로 타격(회외 운동) 한다.

(3) 우측 전위 진행(① 피벗 스텝, ② 사이드 스텝) 푸시

[좌측 후위 진행 푸시로 셔틀콕 타격이 완성되면]
　셔틀콕 타격과 함께 11시 방향으로 내디뎠던 오른발은 왼발 안쪽을 지나서 오른발 앞꿈치는 3시 방향으로 이동(피벗스텝: 방향전환)하고 자연스럽게 왼발 앞꿈치는 11시 방향에서 12시 방

향으로 틀어지고 등 뒤로 내렸던 접혀진 왼쪽 아래팔을 내리지 않고 팔꿈치는 전방을 향하면서 오른손에 그립된 라켓은 준비 그립을 하고 양팔이 삼각형 모양을 만들고 이어서 왼발은 오른발 안쪽까지 밀고(우측 전위 진행 사이드 스텝)나서 라켓 헤드를 낮추지 않고 손목 스냅과 함께 포핸드 그립으로 전환 그립하고 팔꿈치는 몸통 앞에 두고 라켓 스윙시 네트 위를 넘지 않을 만큼의 공간 확보(라켓 헤드는 네트를 넘어오는 셔틀콕에 맞추며 팔꿈치가 50% 정도 펴진다는 느낌)한다.

[네트 위를 넘어 셔틀콕이 푸시로 타격하는 위치에 왔을 때]

왼쪽 팔꿈치는 아래로 내려서 등 뒤로 향하고(이때, 아래팔을 내리지 않고 접혀진 상태로) 오른발 안쪽까지 밀었던 왼발에 이어서 오른발을 1시 방향으로 내디딤과 함께 포핸드 그립 손목 스냅으로 셔틀콕이 푸시로 타격(회내 운동) 한다.

2
좌우 원 점프 스매싱

1) 오른발 원 점프 스매싱

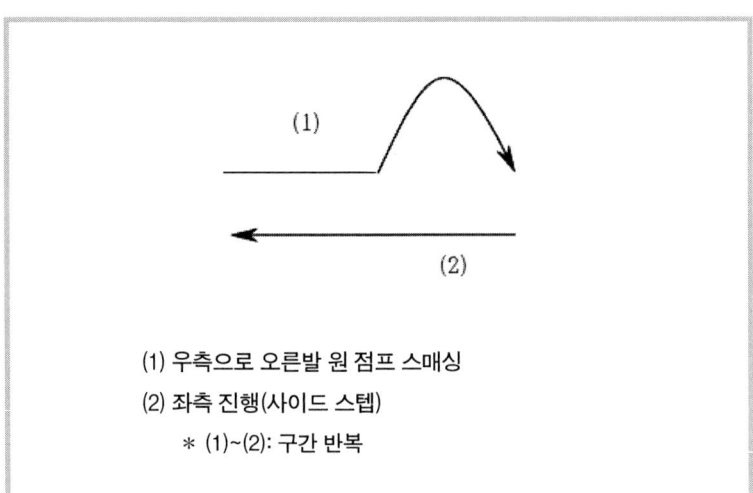

(1) 우측으로 오른발 원 점프 스매싱
(2) 좌측 진행(사이드 스텝)
 * (1)~(2): 구간 반복

 H 포지션에서 준비 자세, 준비 그립을 취한다.

(1) 우측으로 오른발 원 점프 스매싱

[상대편 코트의 셔틀콕이 짧은 스매싱 리턴으로 우측 타격을 보면서]

　우측으로 오른발 원 점프 진행 마중 가는 예상 경로로 낮게 굽혔던 양쪽 무릎을 조금 올리면서 오른발을 3시 방향으로 내디디고(스플릿 스텝) 왼손은 떠오르는 셔틀콕을 가리키고 오른손에 그립된 라켓은 어깨 뒤로 20~30° 정도의 각도로 오른손을 귀 높이까지 가져가며 라켓 그립은 준비 그립에서 손목 스냅과 함께 포핸드 그립으로 전환 그립하고 라켓의 샤프트를 오른쪽 어깨 윗 공간으로 뺀다.

[셔틀콕이 네트를 넘어 타격하는 위치에 왔을 때]

　3시 방향으로 내디뎠던 오른발과 몸통에 무게 중심을 두고 우측 점프를 하면 순간적으로 왼쪽(가슴뼈, 어깨, 팔꿈치)이 의식적으로 회전을 일으키면서 연동의 힘을 오른쪽(가슴뼈, 어깨, 팔꿈치, 그립된 라켓) 회전에 도움을 올리며(이때, 오른쪽 가슴뼈, 어깨, 팔꿈치가 등 뒤로 빠지지 않는다.) 라켓 헤드의 탄력과 중지, 약지, 소지를 당겨주고 엄지는 받쳐주고 검지는 눌러 주며 손목이 닫히(회내 운동)면서 회전되는 힘을 이용하며 스매싱으로 셔틀콕이 타격되고 양발이 균형 있게 착지한다.

(2) 좌측 진행(사이드 스텝)

[셔틀콕이 우측으로 오른발 원 점프 스매싱 완성되면]

  오른손에 그립된 라켓은 준비 그립을 하고 왼쪽 아래팔과 팔꿈치는 전방을 향하면서 양팔이 삼각형 모양을 만들고 오른발은 왼발 안쪽면을 밀어낼 만큼 끌어오고 이어서 왼발은 준비 자세를 취했던 H 포지션까지 가고 나서 준비 자세를 취한다. (좌측 진행 사이드 스텝)

2) 왼발 원 점프 스매싱(라운드 스윙)

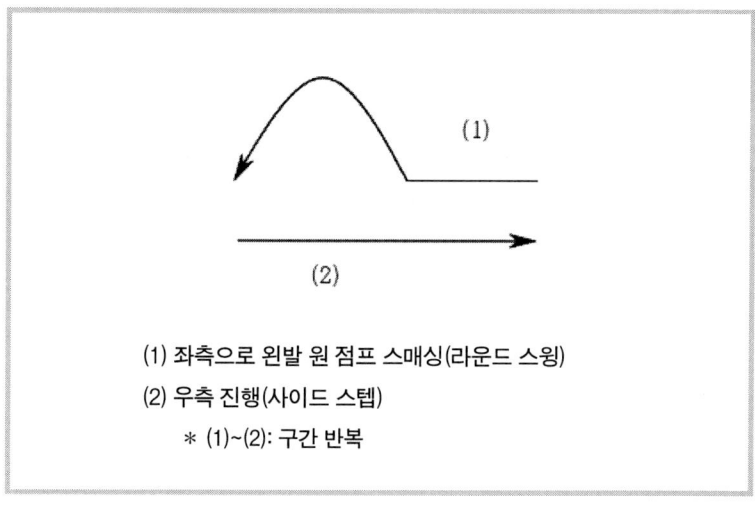

(1) 좌측으로 왼발 원 점프 스매싱(라운드 스윙)
(2) 우측 진행(사이드 스텝)
  * (1)~(2): 구간 반복

 H 포지션에서 준비 자세, 준비 그립을 취한다.

(1) 좌측으로 왼발 원 점프 스매싱(라운드 스윙)

[상대편 코트의 셔틀콕이 짧은 스매싱 리턴으로 좌측 타격을 보면서]

 좌측으로 왼발 원 점프 진행 마중가는 예상 경로로 낮게 굽혔던 양쪽 무릎을 조금 올리면서 왼발을 9시 방향으로 내디디고 (스플릿 스텝) 왼손은 떠오르는 셔틀콕을 가리키고 오른손에 그립된 라켓은 어깨 뒤로 20~30° 정도의 각도로 오른손을 귀 높이까지 가져가며 라켓 그립은 준비 그립에서 손목 스냅과 함께 포핸드 그립으로 전환 그립하고 라켓의 샤프트를 오른쪽 어깨 윗 공간으로 빼면서 라켓 헤드를 옆으로 스윙(라운드 스윙)을 준비한다.

[셔틀콕이 네트를 넘어 타격하는 위치에 왔을 때]

9시 방향으로 내디뎠던 왼발과 몸통에 무게 중심을 두고 좌측 점프를 하면 순간적으로 셔틀콕을 가리켰던 왼쪽(가슴뼈, 어깨, 팔꿈치)이 의식적으로 회전을 일으키면서 연동의 힘을 오른쪽(가슴뼈, 어깨, 팔꿈치, 그립된 라켓) 회전에 도움을 올리며(이때, 오른쪽 가슴뼈, 어깨, 팔꿈치가 등 뒤로 빠지지 않는다.) 라켓 헤드를 머리 윗공간 옆으로 스윙(라운드 스윙)하며 라켓 헤드의 탄력과 중지, 약지, 소지를 당겨주고 엄지는 받쳐주고 검지는 눌러주면서 손목이 닫히(회내 운동)면서 회전되는 힘을 이용하며 스매싱으로 셔틀콕을 타격하고 양발이 안정감 있게 착지한다.

(2) 우측 진행(사이드 스텝)

[셔틀콕이 좌측으로 왼발 원 점프 스매싱이 완성되면]

오른손에 그립된 라켓이 준비 그립을 하고 왼쪽 아래팔과 팔꿈치는 전방을 향하면서 양팔이 삼각형 모양을 만들고 왼발은 오른발 안쪽 면을 밀어낼 만큼 끌어오고 이어서 오른발은 준비 자세를 취했던 H 포지션까지 가고 나서 준비 자세를 취한다.

3
좌우 전위 진행 푸시 &
대각 후위 진행 후 원 점프 스매싱

1) 우측 전위 진행 포핸드 푸시 & 대각 후위 진행 후 좌측으로 왼발 원 점프 스매싱(라운드 스윙)

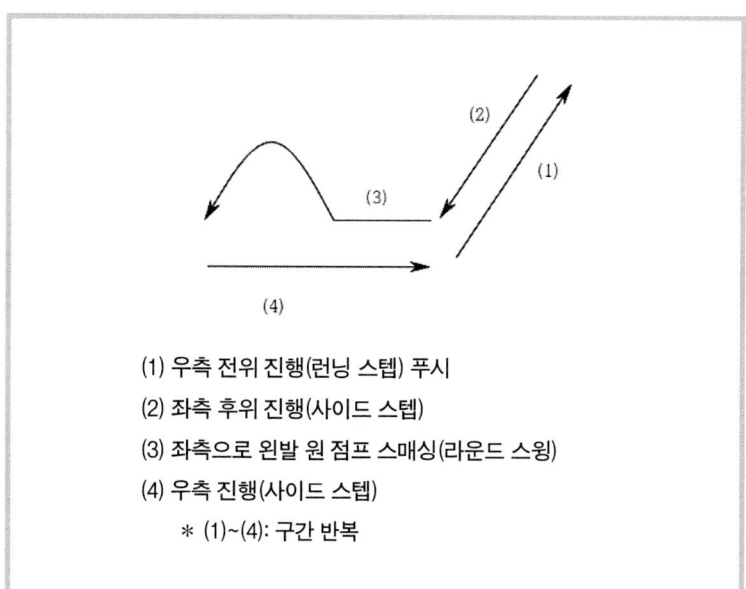

(1) 우측 전위 진행(러닝 스텝) 푸시
(2) 좌측 후위 진행(사이드 스텝)
(3) 좌측으로 왼발 원 점프 스매싱(라운드 스윙)
(4) 우측 진행(사이드 스텝)
 * (1)~(4): 구간 반복

 T 포지션에서 준비 자세, 준비 그립을 취한다.

(1) 우측 전위 진행(런닝 스텝) 푸시

[상대편 코트의 셔틀콕이 짧은 커트로 우측 타격을 보면서]

　우측 전위 진행 예상 경로로 낮게 굽혔던 양쪽 무릎을 조금 올리면서 양쪽 발목을 비스듬히 우측으로 탄력있게 틀고(스플릿 스텝) 나서 왼발을 오른발 앞꿈치 위에 1시 방향으로 내디디고 왼쪽 아래팔과 팔꿈치는 아래로 내려서 아래팔을 등 뒤로 향하고 오른손에 그립된 라켓은 준비 그립에서 손목 스냅과 함께 포핸드 그립으로 전환 그립하고 팔꿈치는 몸통 앞에 두고 라켓 스윙시 네트를 넘지 않을 만큼의 공간 확보(라켓 헤드는 네트를 넘어오는 셔틀콕에 맞추며 팔꿈치가 50% 정도 펴진다는 느낌) 한다.

[네트 위로 셔틀콕이 둥 떠서 푸시로 타격하는 위치에 왔을 때]

　내디뎠던 왼발에 이어서 오른발을 1시 방향으로 내디딤과 동시에 포핸드 그립 손목 스냅으로 셔틀콕을 푸시로 타격한다.

(2) 좌측 후위 진행(사이드 스텝)

[우측 전위 진행 푸시로 셔틀콕 타격이 완성되면]

　푸시로 셔틀콕 타격과 함께 1시 방향으로 내디뎠던 오른발은 왼발 안쪽까지 밀어서 좌측 후위 진행하고 등 뒤로 내렸던 왼쪽 아래팔과 팔꿈치는 전방을 향하면서 양팔이 삼각형 모양을 만들고 이어서 왼발도 탄력있게 좌측 후위 진행으로 밀어서 (좌측 후위 진행, 사이드 스텝) T 포지션까지 이동한다.

(3) 좌측으로 왼발 원 점프 스매싱(라운드 스윙)

[상대편 코트의 셔틀콕이 푸시 리턴으로 좌측 타격을 보면서]

좌측 진행 예상 경로로 낮게 굽혔던 양쪽 무릎을 조금 올리며 좌측으로 타격되는 셔틀콕을 보면서 왼발을 9시 방향으로 빼면서(스플릿 스텝) 오른손에 그립된 라켓은 어깨 뒤로 20~30° 정도의 각도로 오른손을 귀 높이까지 가져가며 라켓 그립은 준비 그립에서 손목 스냅과 함께 포핸드 그립으로 전환 그립하고 라켓의 샤프트를 오른쪽 어깨 윗 공간으로 빼면서 라켓 헤드를 옆으로 스윙(라운드 스윙)을 준비한다.

[셔틀콕이 네트를 넘어 타격하는 위치에 왔을 때]

9시 방향으로 내디뎠던 왼발과 몸통에 무게 중심을 두고 좌측으로 왼발 원 점프를 하면 순간적으로 셔틀콕을 가리켰던 왼쪽(가슴뼈, 어깨, 팔꿈치)이 의식적으로 회전을 일으키면서 연동의 힘을 오른쪽(가슴뼈, 어깨. 팔꿈치, 그립된 라켓) 회전에 도움을 올리며(이때, 오른쪽 가슴뼈, 어깨, 팔꿈치가 등 뒤로 빠지지 않는다.) 라켓 헤드를 머리 윗 공간 옆으로 스윙(라운드 스윙)하며 라켓 헤드의 탄력과 중지, 약지, 소지를 당겨주고 엄지는 받쳐주고 검지는 눌러주면서 손목이 닫히면서 회전되는 힘을 이용하며 스매싱으로 셔틀콕을 타격하고 양발이 안정감 있게 착지한다.

(4) 우측 진행(사이드 스텝)

[좌측으로 왼발 원 점프 스매싱이 완성되면]

　오른손에 그립된 라켓이 준비 그립을 하고 왼쪽 아래팔과 팔꿈치는 전방을 향하면서 양팔이 삼각형 모양을 만들고 왼발은 오른발 안쪽 면을 밀어낼 만큼 끌어오고 이어서 오른발은 준비 자세를 취했던 T 포지션까지 가고 나서 준비 자세를 취한다.

2) 좌측 전위 진행 백핸드 푸시 & 대각 후위 진행 후 우측으로 오른발 원 점프 스매싱

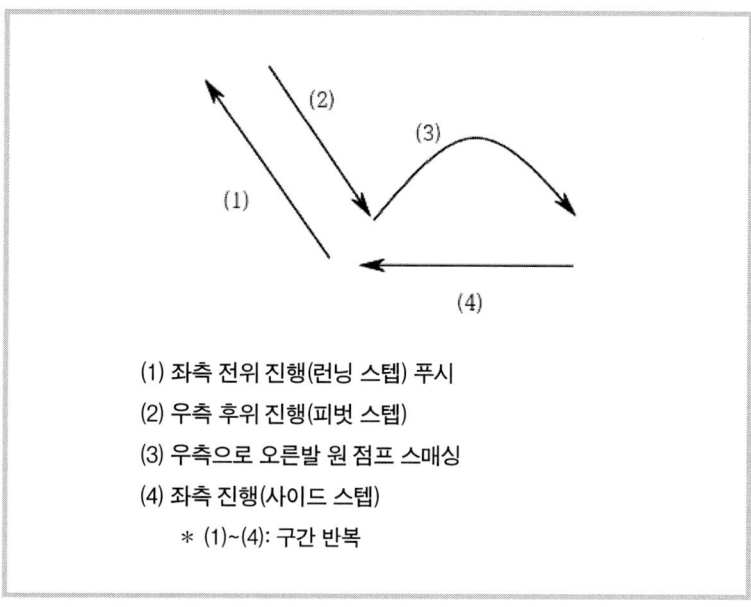

(1) 좌측 전위 진행(러닝 스텝) 푸시
(2) 우측 후위 진행(피벗 스텝)
(3) 우측으로 오른발 원 점프 스매싱
(4) 좌측 진행(사이드 스텝)
　* (1)~(4): 구간 반복

 T 포지션에서 준비 자세, 준비 그립을 취한다.

(1) 좌측 전위 진행(런닝 스텝) 백핸드 푸시

[상대편 코트의 셔틀콕이 짧은 커트로 좌측 타격을 보면서]

　좌측 전위 진행 예상 경로로 낮게 굽혔던 양쪽 무릎을 조금 올리면서 양쪽 발목을 비스듬히 좌측으로 탄력있게 틀고(스플릿 스텝) 나서 왼발을 11시 방향으로 내디디고 왼쪽 아래팔과 팔꿈치는 아래로 내려서 아래팔을 등 뒤로 향하고 오른손에 그립된 라켓은 준비 그립에서 손목 스냅과 함께 백핸드 그립으로 전환 그립하고 팔꿈치는 몸통 앞에 두고 라켓 스윙시 네트를 넘지 않을 만큼의 공간 확보(라켓 헤드는 네트를 넘어오는 셔틀콕에 맞추며 팔꿈치가 50% 정도 펴진다는 느낌)한다.

[네트 위로 셔틀콕이 둥 떠서 푸시로 타격하는 위치에 왔을 때]

　11시 방향으로 내디뎠던 왼발에 이어서 오른발을 11시 방향으로 내디딤과 함께 백핸드 그립 손목 스냅으로 셔틀콕을 푸시로 타격한다.

(2) 우측 후위 진행(피벗 스텝)

[좌측 전위 진행 푸시로 셔틀콕 타격이 완성되면]

　상대편에서 우측으로 타격하는 셔틀콕을 보면서 오른쪽 어깨를 등 뒤로 틀면서 11시 방향으로 내디뎠던 오른발은 왼발 옆으로 지나면서 대각으로 등 뒤로 빼며 앞 발꿈치는 3시 방향을 가리키며(피벗 스텝: 방향 전환) 우측으로 오른발 원 점프 스매싱을 준비하면서 등 뒤로 내렸던 왼쪽 아래팔과 팔꿈치는 전방을 향하면서 양팔이 삼각형 모양을 만들고 오른손에 그립된 라켓은 어깨 뒤로 20~30° 정도의 각도로 오른손을 귀 높이까지 가져가며 라켓 그립은 준비 자세에서 손목 스냅과 함께 포핸드 그립으로 전환 그립하고 라켓의 샤프트를 오른쪽 어깨 윗공간으로 빼면서 스매싱을 준비한다.

(3) 우측으로 오른발 원 점프 스매싱

[상대편 코트의 셔틀콕이 푸시 리턴으로 우측 타격을 보면서]

피벗 스텝으로 3시 방향으로 내디뎠던 오른발과 몸통에 무게중심을 두고 우측 점프를 하면 순간적으로 셔틀콕을 가리켰던 왼쪽(가슴뼈, 어깨, 팔꿈치)이 의식적으로 회전을 일으키면서 연동의 힘을 오른쪽(가슴뼈, 어깨, 팔꿈치, 그립된 라켓) 회전에 도움을 올리며(이때, 오른쪽 가슴뼈, 어깨, 팔꿈치가 등 뒤로 빠지지 않는다) 어깨 윗 공간으로 뺐던 라켓 헤드의 탄력과 중지, 약지, 소지를 당겨주고 엄지는 받쳐주고 검지는 눌러주며 손목이 닫히면서 회전되는 힘을 이용하며 스매싱으로 셔틀콕이 타격되고 양발이 안정감 있게 착지한다.

(4) 좌측 진행(사이드 스텝)

[우측으로 오른발 원 점프 스매싱이 완성되면]

 오른손에 그립된 라켓이 준비 그립을 하고 왼쪽 아래팔과 팔꿈치는 전방을 향하면서 양팔이 삼각형 모양을 만들고 오른발은 왼발 안쪽면을 밀어낼 만큼 끌어오고 이어서 왼발은 준비 자세를 취했던 T 포지션까지 가고 나서 준비 자세를 취한다.

4
좌우 전위 진행 푸시 &
직선 후위 진행 후 좌우 원 점프 스매싱

1) 우측 전위 진행 포핸드 푸시 & 직선 후위 진행 후 오른발 원 점프 스매싱

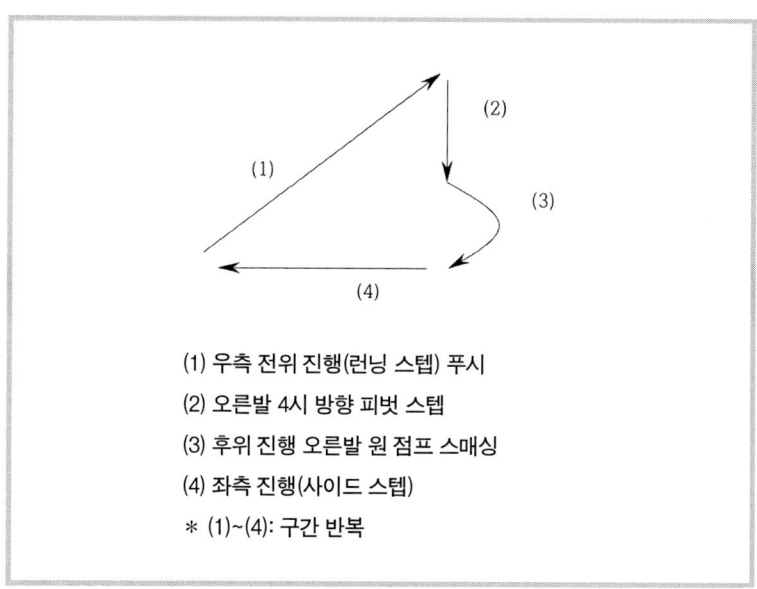

(1) 우측 전위 진행(러닝 스텝) 푸시
(2) 오른발 4시 방향 피벗 스텝
(3) 후위 진행 오른발 원 점프 스매싱
(4) 좌측 진행(사이드 스텝)
* (1)~(4): 구간 반복

 T 포지션에서 준비 자세, 준비 그립을 취한다.

(1) 우측 전위 진행(런닝 스텝) 푸시

[상대편 코트에서 우측 네트 앞 짧은 커트로 둥 뜨는 것을 보면서]

　우측 전위 진행 예상 경로로 낮게 굽혔던 양쪽 무릎을 조금 올리면서 양쪽 발목을 비스듬히 우측으로 탄력있게 틀어 올리며(스플릿 스텝) 왼발을 오른발 앞꿈치 위에 1시 방향으로 내디디고 왼쪽 아래팔과 팔꿈치는 아래로 내려서 아래팔을 등 뒤로 향하고 오른손에 그립된 라켓은 준비 그립에서 손목 스냅과 함께 포핸드 그립으로 전환 그립하고 팔꿈치는 몸통 앞에 두고 라켓 스윙시 네트를 넘지 않을 만큼의 공간 확보(라켓 헤드는 네트를 넘어오는 셔틀콕에 맞추며 팔꿈치가 50% 정도 펴진다는 느낌)한다.

[네트 위로 셔틀콕이 둥 떠서 푸시로 타격하는 위치에 왔을 때]

　1시 방향으로 내디뎠던 왼발에 이어서 오른발을 1시 방향으로 내디딤과 함께 포핸드 그립으로 손목 스냅으로 셔틀콕이 푸시로 타격한다.

(2) 오른발 4시 방향 피벗 스텝

[우측 전위 진행 푸시로 셔틀콕 타격이 완성되면]

　1시 방향으로 내디뎠던 오른발은 등 뒤로 빼고 오른발 앞꿈치는 4시 방향으로 가리키며(피벗 스텝: 방향 전환) 오른발과 몸통에 무게 중심을 두고 등 뒤로 내렸던 왼쪽 아래팔과 팔꿈치는 전방을 향하면서 양팔이 삼각형 모양을 만들고 우측 후위로 짧게 떠오르는 셔틀콕을 보면서 오른손에 그립된 라켓은 어깨 뒤로 20~30° 정도의 각도로 오른손을 귀 높이 정도까지 가져가며 라켓 그립은 준비 그립에서 손목 스냅과 함께 포핸드 그립으로 전환 그립하고 라켓의 샤프트를 오른쪽 어깨 윗 공간으로 빼면서 스매싱을 준비한다.

(3) 후위 진행 오른발 원 점프 스매싱

[셔틀콕이 네트를 넘어 후위 진행 점프로 타격하는 위치에 왔을 때]

피벗 스텝으로 4시 방향으로 내디뎠던 오른발과 몸통에 무게 중심을 두고 후위 진행 오른발 원 점프를 하면 순간적으로 셔틀콕을 가리켰던 왼쪽(가슴뼈, 어깨, 팔꿈치)이 의식적으로 회전을 일으키면서 오른쪽 어깨와 수평을 만들고 연동의 힘을 오른쪽(가슴뼈, 어깨, 팔꿈치, 그립된 라켓) 회전에 도움을 올리며(이때, 오른쪽 가슴뼈, 어깨, 팔꿈치가 등 뒤로 빠지지 않는다.) 어깨 윗 공간으로 뺐던 라켓 헤드의 탄력과 중지, 약지, 소지를 당겨주고 엄지는 받쳐주고 검지는 눌러주며 손목이 닫히면서 회전되는 힘을 이용하며 스매싱으로 셔틀콕이 타격하고 양발이 안정감 있게 착지한다.

(4) 좌측 진행(사이드 스텝)

[셔틀콕이 후위 진행 오른발 원 점프 스매싱이 완성되면]

오른손에 그립된 라켓이 준비 그립을 하고 왼쪽 아래팔과 팔꿈치는 전방을 향하면서 양팔이 삼각형 모양을 만들고 오른발은 왼발 안쪽 면을 밀어낼 만큼 끌어오고 이어서 왼발은 준비 자세를 취했던 T 포지션까지 가고 나서(사이드 스텝) 준비 자세를 취한다.

2) 좌측 전위 진행 백핸드 푸시 & 직선 후위 진행 후 왼발 원 점프 스매싱(라운드 스윙)

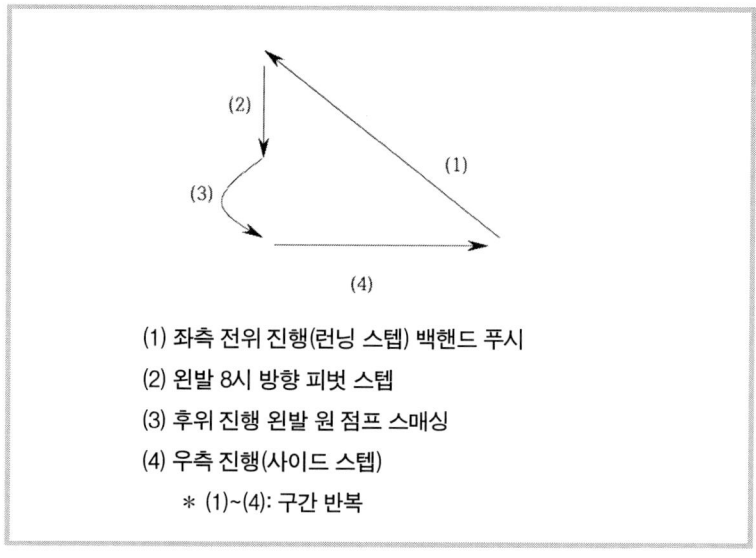

(1) 좌측 전위 진행(러닝 스텝) 백핸드 푸시
(2) 왼발 8시 방향 피벗 스텝
(3) 후위 진행 왼발 원 점프 스매싱
(4) 우측 진행(사이드 스텝)
　＊ (1)~(4): 구간 반복

 T 포지션에서 준비 자세, 준비 그립을 취한다.

(1) 좌측 전위 진행(러닝 스텝) 백핸드 푸시

[상대편 코트의 셔틀콕이 짧은 커트로 좌측 타격을 보면서]

　좌측 전위 진행 예상 경로로 낮게 굽혔던 양쪽 무릎을 조금 올리면서 양쪽 발목을 비스듬히 좌측으로 탄력 있게 틀고(스플릿 스텝) 나서 왼발을 11시 방향으로 내디디고 왼쪽 아래팔과 팔꿈치는 아래로 내려서 아래팔을 등 뒤로 향하고 오른손에 그립된 라켓은 준비 그립에서 손목 스냅과 함께 백핸드 그립으로 전환 그립하고 팔꿈치는 몸통 앞에 두고 라켓 스윙시 네트를 넘지 않을 만큼의 공간 확보(라켓 헤드는 네트를 넘어오는 셔틀콕에 맞추며 팔꿈치가 50% 정도 펴진다는 느낌)한다.

[네트 위로 셔틀콕이 둥 떠서 푸시로 타격하는 위치에 왔을 때]

11시 방향으로 내디뎠던 왼발에 이어서 오른발을 11시 방향으로 내디딤과 함께 백핸드 그립 손목 스냅으로 셔틀콕을 푸시로 타격한다.

(2) 왼발 8시 방향 피벗 스텝

[푸시로 셔틀콕 타격이 완성되면]

후위 쪽 점프 높이로 짧게 타격하는 셔틀콕을 보면서 11시 방향으로 내디뎠던 오른발은 후위 진행 왼발 앞까지 끌어오고(스플릿 스텝) 왼발은 8시 방향으로 밀어서 후위 진행(피벗 스텝)시키고 등 뒤로 내렸던 왼쪽 아래팔과 팔꿈치는 전방을 향하면서 양팔이 삼각형 모양을 만들고 오른손에 그립된 라켓은 어깨 뒤로 20~30° 정도의 각도로 오른손을 귀 높이까지 가져가며 라켓 그립은 준비 그립에서 손목 스냅과 함께 포핸드 그립으로 전환 그립하고 라켓의 샤프트를 오른쪽 어깨 윗 공간으로 빼면서 라켓의 헤드를 옆으로 스윙(라운드 스윙)을 준비한다.

(3) 후위 진행 왼발 원 점프 스매싱

[셔틀콕이 네트를 넘어 후위 진행 왼발 원 점프 타격되는 위치에 왔을 때]

  8시 방향으로 내디뎠던 왼발과 몸통에 무게 중심을 두고 후위 진행 왼발 원 점프를 하면 순간적으로 셔틀콕을 가리켰던 왼쪽(가슴뼈, 어깨, 팔꿈치)이 의식적으로 회전을 일으키면서 연동의 힘을 오른쪽(가슴뼈, 어깨, 팔꿈치, 그립된 라켓) 회전에 도움을 올리며(이때, 오른쪽 가슴뼈, 어깨, 팔꿈치가 등 뒤로 빠지지 않는다) 라켓 헤드를 머리 윗 공간 옆으로 스윙(라운드 스윙)하며 라켓 헤드의 탄력과 중지, 약지, 소지를 당겨주고 엄지는 받쳐주고 검지는 눌러 주며 손목이 닫히면서 회전되는 힘을 이용하며 스매싱으로 셔틀콕이 타격하고 양발이 안정감 있게 착지한다.

(4) 우측 진행(사이드 스텝)

[셔틀콕이 후위 진행 왼발 원 점프 스매싱이 완성되면]
  오른손에 그립된 라켓이 준비 그립을 하고 왼쪽 아래팔과 팔꿈치는 전방을 향하면서 양팔이 삼각형 모양을 만들고 왼발은 오른발 안쪽 면을 밀어낼 만큼 끌어오고 이어서 오른발은 준비 자세를 취했던 T 포지션까지 가고 나서 준비 자세를 취한다.

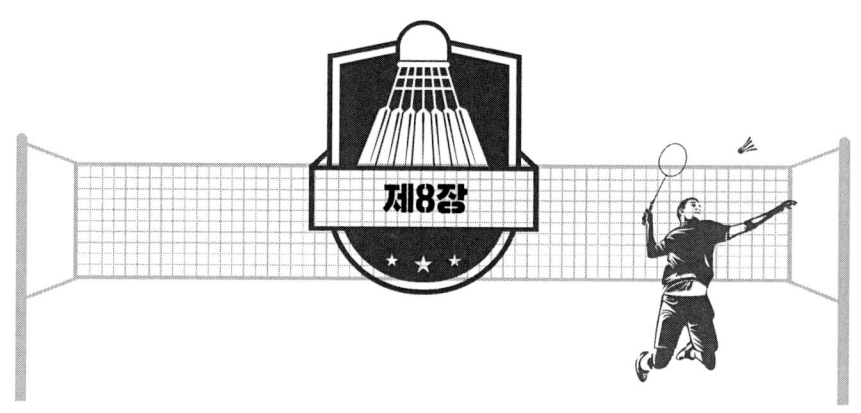

1. 좌우 후위 진행 스매싱 & 직선 전위 진행 드라이브
2. 좌우 후위 진행 스매싱 & 대각 전위 진행 후 드라이브

1
좌우 후위 진행 스매싱 & 직선 전위 진행 드라이브

1) 우측 후위 진행 스매싱 & 직선 전위 진행 포핸드 드라이브

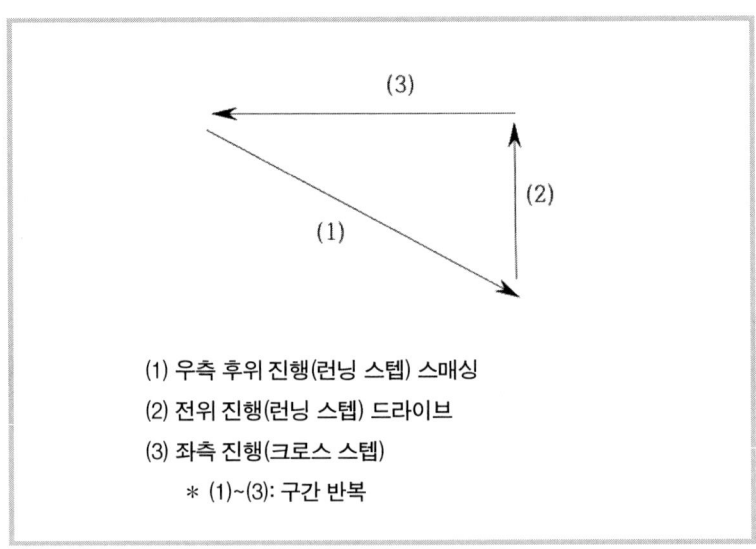

(1) 우측 후위 진행(런닝 스텝) 스매싱
(2) 전위 진행(런닝 스텝) 드라이브
(3) 좌측 진행(크로스 스텝)
   * (1)~(3): 구간 반복

 B 포지션에서 준비 자세, 준비 그립을 취한다.

(1) 우측 후위 진행(러닝 스텝) 스매싱

[상대편 코트에서 언더 클리어를 우측 후위 쪽 타격을 보면서]
우측 후위 진행 예상 경로로 마중 가는 방향으로 오른발(앞꿈치가 들리면서)의 뒤꿈치를 축으로 돌려주고 동시에 왼발(뒤꿈치가 들리면서)의 앞꿈치를 축으로 회전되면서(스플릿 스텝) 왼손은 상대 코트에서 상방으로 떠오르는 셔틀콕을 향해 쭉 뻗어 가리키고 오른손에 그립된 라켓은 어깨 뒤로 20~30° 정도의 각도로 귀 높이까지 가져간다.

[네트를 향해 오는 셔틀콕을 보면서]
왼발을 5시 방향 오른발 앞으로 내디디고 이어서 오른발을 5시 방향으로 내디디고 나서 왼발은 테니스공만큼 살짝 들리면서 네트를 넘어오는 셔틀콕이 상승 정점에서 포물선을 그리고 낙하하는 것을 의식하며 귀 뒤쪽 오른손에 그립됐던 라켓(왼쪽, 오른쪽 가슴뼈가 순간적으로 활처럼 펴지는 느낌을 받으며)은 손목을 바깥쪽으로 열어주며 준비 그립에서 포핸드 그립으로 그립 전환한다.

[셔틀콕이 타격하는 위치에 왔을 때]
왼쪽(가슴뼈, 어깨, 팔꿈치)이 의식적으로 회전을 일으키면서 연동의 힘을 오른쪽(가슴뼈, 어깨, 팔꿈치, 그립된 라켓) 회전에 도움을

올리며 동시에 왼발 앞꿈치는 등 뒤로 착지하면서 지렛대가 되고 왼쪽 가슴뼈가 뒤로 밀리면서 연동되는 힘을 받았던 오른쪽 가슴뼈가 앞으로 나오면서 자연스러운 몸통 회전을 일으키고 머리 뒤로 넘겼던 라켓 헤드(마음속으로 "둘~, 셋" 셈하는 리듬감을 가지고)는 머리 위쪽 높이보다 조금 앞에서 접혔던 팔꿈치가 셔틀콕을 향하면서 펴지고 동시에 지렛대가 된 왼발 앞꿈치를 축으로 오른발이 12시 방향 1보 전진 이동과 함께 오른손에 라켓은 포핸드 그립으로 중지, 약지, 소지를 당겨주고 엄지는 받쳐주고 검지는 눌러 주면서 라켓 헤드의 탄력과 손목이 닫히면서 회전되는 힘을 이용하며 셔틀콕을 타격한다.

(2) 전위 진행(러닝 스텝) 드라이브

[상대 코트로 넘어간 셔틀콕이 수비 커트로 되는 것을 보고]
오버핸드 스윙이 완성되고 오른발이 12시 방향으로 착지하고 나서 왼쪽 겨드랑이 사이로 숨겼던 라켓 헤드는 왼발이 12시 방향 전진 이동과 함께 등 뒤로 빠졌던 왼쪽 아래팔과 팔꿈치는 전방을 향하면서 양팔이 삼각형 모양을 만들고 네트를 낮게 넘어오는 셔틀콕을 주시하면서 라켓을 그립한 오른손은 손목 스냅과 함께 포핸드 그립으로 그립 전환하고 그립된 라켓과 손바닥에 헐거운 공간이 있으며 손목은 라켓이 타격하는 면을 높이기 위해 위쪽으로 꺾이고 팔꿈치는 몸통 앞쪽에서 접히며 오른

쪽 어깨 윗 공간으로 헤드를 옮기며 겨드랑이를 조금 열어준다.

[네트를 넘어 타격하는 위치에 왔을 때]
12시 방향으로 전진 이동했던 왼발에 이어서 왼쪽 아래팔과 팔꿈치는 아래로 내려서 아래팔을 등 뒤로 향하고 동시에 오른발은 크게 1시 방향으로 무릎이 "ㄱ"자를 만들고 내디디면 왼발 뒤꿈치가 들리며 끌리고 그립된 라켓 헤드를 내리지 않고 몸통 앞에 둔 팔꿈치를 살짝 접으며 본인 오른쪽 어깨 윗 공간까지 라켓 헤드를 옮기고 네트를 넘어오는 셔틀콕에 순간적으로 짧게 손목 스냅을 잡고 가볍게 타격하고 네트를 직선으로 넘기게 된다.

(3) 좌측 진행(크로스 스텝)

[셔틀콕이 전위 진행 드라이브로 타격 완성되면]
1시 방향으로 "ㄱ"자 모양으로 내디뎠던 오른발은 왼발 뒤꿈치 아래로 교차 이동하고 나서 왼발은 B 포지션까지 이동(크로스 스텝)과 함께 양팔이 전방을 향하면서 삼각형 모양을 만들고 준비 그립, 준비 자세 후 스플릿 스텝을 취한다.

2) 좌측 후위 진행 스매싱 & 직선 전위 진행 백핸드 드라이브

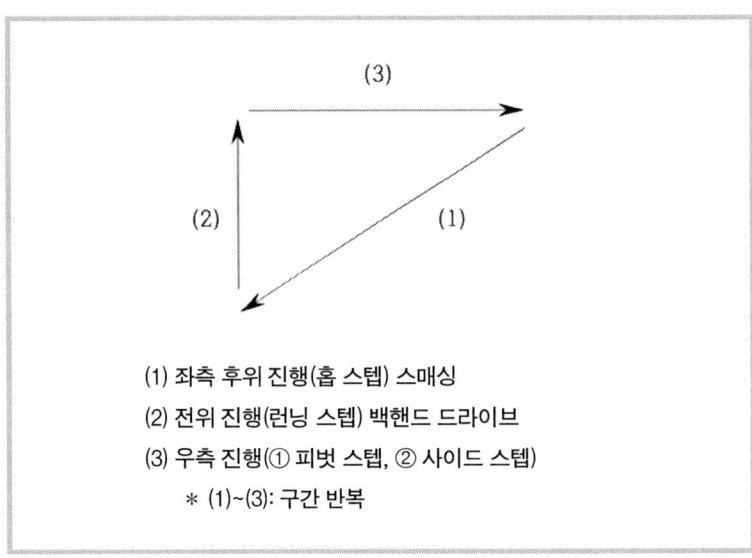

(1) 좌측 후위 진행(홉 스텝) 스매싱
(2) 전위 진행(러닝 스텝) 백핸드 드라이브
(3) 우측 진행(① 피벗 스텝, ② 사이드 스텝)
 * (1)~(3): 구간 반복

 B 포지션에서 준비 자세, 준비 그립을 취한다.

(1) 좌측 후위 진행(홉 스텝) 스매싱

[상대편 코트에서 언더 클리어를 좌측 후위 쪽 타격을 보면서]

  좌측 후위 진행 예상 경로로 마중 가는 방향으로 낮게 굽혔던 양쪽 무릎이 왼발은 7시 방향, 오른발은 1시 방향으로 틀어 올리며(스플릿 스텝) 상대 코트에서 상방으로 떠오르는 셔틀콕을 향해 왼손은 쭉 뻗어 가리키고 오른손에 그립된 라켓은 어깨 뒤로 20~30° 정도의 각도로 귀 높이까지 가져간다.

[네트를 향해 오는 셔틀콕을 보면서]

    7시 방향으로 틀어 올렸던 왼발은 앞꿈치를 축으로 다시 8시 방향으로 틀어 주면서 셔틀콕과의 거리를 보면서 왼발 뜀뛰기(홉 스텝)를 하고 나서 오른발은 등 뒤로 이동시키고 왼발이 테니스공만큼 살짝 들리면서 네트를 넘어오는 셔틀콕이 상승 정점에서 포물선을 그리며 낙하하는 것을 의식하며 귀 뒤쪽 오른손에 그립된 라켓(왼쪽, 오른쪽 가슴뼈가 순간적으로 활처럼 펴지는 느낌을 받으며)은 손목을 바깥쪽으로 열어 주며 준비 그립에서 포핸드 그립으로 그립 전환한다.

[셔틀콕이 타격하는 위치에 왔을 때]

    왼쪽(가슴뼈, 어깨, 팔꿈치)이 의식적으로 회전을 일으키면서 연동의 힘을 오른쪽(가슴뼈, 어깨, 팔꿈치, 그립된 라켓) 회전에 도움을 올리며 동시에 왼발 앞꿈치는 등 뒤로 착지하면서 지렛대가 되고 왼쪽 가슴뼈가 뒤로 밀리면서 연동되는 힘을 받았던 오른쪽 가슴뼈가 앞으로 나오면서 자연스러운 몸통 회전을 일으키고 머리 뒤로 넘겼던 라켓 헤드(마음속으로 "둘~, 셋" 셈하는 리듬감을 가지고)는 머리 위쪽 높이보다 조금 앞에서 접혔던 팔꿈치가 셔틀콕을 향하면서 펴지고 동시에 지렛대가 된 왼발 앞꿈치를 축으로 오른발이 12시 방향 1보 전진 이동과 함께 오른손에 라켓은 포핸드 그립으로 중지, 약지, 소지를 당겨주고 엄지는 받쳐주고 검지는 눌러 주면서 라켓 헤드의 탄력과 손목이 닫히면서 회전되는 힘을 이용하며 셔틀콕을 타격한다.

(2) 전위 진행(런닝 스텝) 백핸드 드라이브

[상대편 코트로 넘어간 셔틀콕이 수비 커트로 되치는 것을 보고]

　오버핸드 스윙이 완성되고 오른발이 12시 방향 1보 전진 착지하고 나서 왼쪽 겨드랑이 사이로 숨겼던 라켓 헤드는 왼발이 12시 방향 1보 전진 이동과 함께 등 뒤로 내렸던 왼쪽 아래팔과 팔꿈치는 전방을 향하면서 양팔이 삼각형 모양을 만들고 네트를 낮게 넘어오는 셔틀콕을 주시하면서 라켓을 그립한 오른손은 손목 스냅과 함께 백핸드 그립으로 전환 그립하고 그립된 라켓과 손바닥에 헐거운 공간이 있으며 손목은 라켓이 타격하는 면을 높이기 위해 위쪽으로 꺾이고 팔꿈치는 몸통 앞쪽에서 살짝 접히며 왼쪽 어깨 윗 공간으로 헤드를 옮긴다.

[네트를 넘어서 타격하는 위치에 왔을 때]

　12시 방향으로 1보 전진 이동했던 왼발에 이어서 왼쪽 아래팔과 팔꿈치는 아래로 내려서 아래팔을 등 뒤로 향하고 동시에 오른발은 크게 11시 방향으로 무릎이 "ㄱ"자를 만들고 내디디면 왼발 뒤꿈치가 들리면서 끌리고 오른손에 그립된 라켓 헤드를 내리지 않고 몸통 앞에 둔 팔꿈치를 살짝 접으며 본인 왼쪽 어깨 윗 공간까지 옮겼던 라켓 헤드는 네트를 넘어오는 셔틀콕에 순간적으로 짧게 손목 스냅을 잡고 가볍게 타격하고 셔틀콕은 네트를 직선으로 넘기게 된다.

(3) 우측 진행(① 피벗 스텝, ② 사이드 스텝)

[셔틀콕이 전위 진행 백핸드 드라이브 타격이 완성되면]
　11시 방향으로 내디뎠던 오른발은 3시 방향으로 내디디고(피벗 스텝) 나서 왼발은 오른발 안쪽까지 끌어오고 이어서 오른발은 B 포지션까지 이동(우측 진행 사이드 스텝)과 함께 양팔이 전방을 향하면서 삼각형 모양을 만들고 준비 그립, 준비 자세 후 스플릿 스텝을 취한다.

2
좌우 후위 진행 스매싱 &
대각 전위 진행 후 드라이브

1) 우측 후위 진행 스매싱 & 좌측 전위 진행 후 백핸드 드라이브

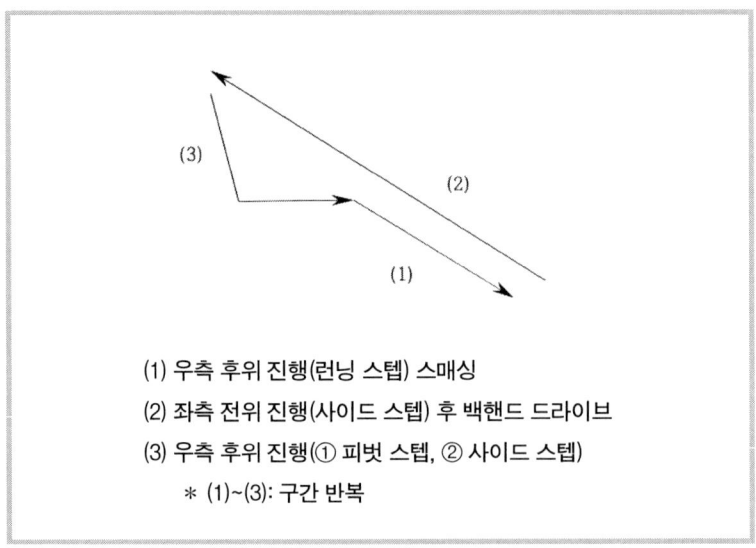

(1) 우측 후위 진행(런닝 스텝) 스매싱
(2) 좌측 전위 진행(사이드 스텝) 후 백핸드 드라이브
(3) 우측 후위 진행(① 피벗 스텝, ② 사이드 스텝)
 * (1)~(3): 구간 반복

 B 포지션에서 준비 자세, 준비 그립을 취한다.

(1) 우측 후위 진행(런닝 스텝) 스매싱

[상대편 코트에서 언더 클리어를 우측 후위 쪽 타격을 보면서]

우측 후위 진행 예상 경로로 마중 가는 방향으로 오른발(앞꿈치가 들리면서)의 뒤꿈치를 축으로 돌려주고 동시에 왼발(뒤꿈치가 들리면서)의 앞꿈치를 축으로 회전이 되면서(스플릿 스텝) 왼손은 상방으로 떠오르는 셔틀콕을 향해 쭉 뻗어 가리키고 오른손에 그립된 라켓은 어깨 뒤로 20~30° 정도의 각도로 귀 높이까지 가져간다.

[네트를 향해서 오는 셔틀콕을 보면서]

우측 후위 쪽으로 몸통을 틀고 나서 왼발을 5시 방향으로 오른발 앞으로 내디디고 나서 다시 오른발을 5시 방향으로 내디디고 나면 왼발이 테니스공만큼 살짝 들리면서 네트를 넘어오는 셔틀콕이 상승 정점에서 포물선을 그리며 낙하하는 것을 의식하며 귀 뒤쪽 오른손에 그립된 라켓(왼쪽, 오른쪽 가슴뼈가 순간적으로 활처럼 펴지는 느낌을 받으며)은 손목을 바깥쪽으로 열어주며 준비 그립에서 포핸드 그립으로 그립 전환한다.

[셔틀콕을 타격하는 위치에 왔을 때]

왼쪽(가슴뼈, 어깨, 팔꿈치)이 의식적으로 회전을 일으키면서 연동의 힘을 오른쪽(가슴뼈, 어깨, 팔꿈치, 그립된 라켓) 회전에 도움을 올리며 동시에 왼발 앞꿈치는 등 뒤로 착지 되면서 지렛대가 되고 왼쪽 가슴뼈가 뒤로 밀리면서 연동되는 힘을 받았던 오른쪽 가슴뼈가 앞으로 나오면서 자연스러운 몸통 회전을 일으키고 머리 뒤로 넘겼던 라켓 헤드(마음속으로 "둘~, 셋" 셈하는 리듬감을 가지고)는 머리 위쪽 높이보다 조금 앞에서 접혔던 팔꿈치가 셔틀콕을 향하면서 펴지고 동시에 지렛대가 된 왼발 앞꿈치를 축으로 오른발이 12시 방향 1보 전진 이동과 함께 오른손에 그립된 라켓은 포핸드 그립으로 중지, 약지, 소지를 당겨주고 엄지는 받쳐주고 검지는 눌러 주면서 라켓 헤드의 탄력과 손목이 닫히면서 회전되는 힘을 이용하며 셔틀콕을 타격한다.

(2) 좌측 전위 진행(사이드 스텝) 후 백핸드 드라이브

[상대편 코트로 넘어간 셔틀콕이 크로스 커트로 되치는 것을 보고]

오버핸드 스윙이 완성되고 12시 방향으로 착지됐던 오른발에 이어서 왼쪽 겨드랑이 사이로 옮겼던 라켓 헤드는 왼발이 11시 방향 이동과 함께 등 뒤로 내렸던 왼쪽 아래팔과 팔꿈치는 전방을 향하면서 양팔이 삼각형 모양을 만들고 네트를 낮게 크로스 커트로 넘어오는 셔틀콕을 보면서 오른발은 왼발 안쪽까지 끌어오고 왼발은 오른발의 탄력을 받으면서 좌측 전위 방향으로 이동하고(사이드 스텝) 라켓을 그립한 오른손은 손목 스냅과 함께 백핸드 그립으로 그립 전환하고 그립된 라켓과 손바닥에 헐

거운 공간이 있으며 손목은 라켓이 타격하는 면을 높이기 위해 위쪽으로 꺾이고 팔꿈치는 몸통 앞쪽에서 살짝 접히며 왼쪽 어깨 윗 공간으로 헤드를 옮기며 겨드랑이를 조금 열어준다.

[네트를 낮게 넘어서 타격하는 위치에 왔을 때]
　오른발의 탄력을 받아서 좌측 전위 방향으로 이동했던 왼발에 이어서 왼쪽 아래팔과 팔꿈치는 아래로 내리고 아래팔을 등 뒤로 향하고 오른발은 크게 11시 방향으로 무릎이 "ㄱ"자를 만들면서 내디디면 왼발 뒤꿈치가 들리며 끌리고 오른손에 라켓 헤드를 내리지 않고 몸통 앞에 둔 팔꿈치를 살짝 접으며 본인 왼쪽 어깨 윗 공간까지 옮겼던 라켓 헤드는 네트를 넘어오는 셔틀콕에 순간적으로 짧게 손목 스냅을 잡아서 가볍게 타격하고 네트를 직선으로 넘기게 된다.

(3) 우측 후위 진행(① 피벗 스텝, ② 사이드 스텝)

[좌측 전위 진행 백핸드 드라이브 타격이 완성되면]
　11시 방향으로 내디뎠던 오른발은 3시 방향으로 내디디고(피벗 스텝) 나서 왼발은 오른발 안쪽까지 끌어오고 이어서 오른발을 B 포지션까지 이동(우측 진행 사이드 스텝)과 함께 양팔이 전방을 향하면서 삼각형 모양을 만들고 준비 그립, 준비 자세 후 스플릿 스텝을 취한다.

2) 좌측 후위 진행 스매싱 & 우측 전위 진행 후 포핸드 드라이브

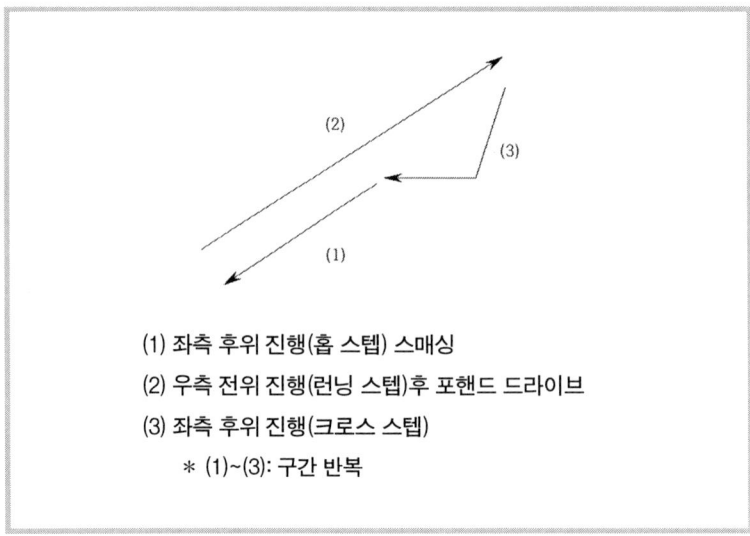

(1) 좌측 후위 진행(홉 스텝) 스매싱
(2) 우측 전위 진행(런닝 스텝)후 포핸드 드라이브
(3) 좌측 후위 진행(크로스 스텝)
　＊ (1)~(3): 구간 반복

 B 포지션에서 준비 자세, 준비 그립을 취한다.

(1) 좌측 후위 진행(홉 스텝) 스매싱

[상대편 코트에서 언더 클리어를 좌측 후위 쪽 타격을 보면서]

　좌측 후위 진행 예상 경로로 마중 가는 방향으로 낮게 굽혔던 양쪽 무릎에서 왼발은 7시 방향, 오른발은 1시 방향으로 틀어 올리면서(스플릿 스텝) 상대편 코트에서 상방으로 떠오르는 셔틀콕을 향해 왼손을 쭉 뻗어 가리키고 오른손에 그립된 라켓은 어깨 뒤로 20~30° 정도의 각도로 귀 높이까지 가져간다.

[네트를 향해서 오는 셔틀콕을 보면서]

　스플릿 스텝으로 이동된 왼발 앞꿈치를 축으로 뒤꿈치를 7시 방향에서 8시 방향으로 틀어 주면서 셔틀콕과의 거리를 보며 왼발 뜀 뛰기(홉 스텝)를 하고 나서 오른발은 등 뒤로 이동시키고 왼발이 테니스공만큼 살짝 들리면서 네트를 넘어 오는 셔틀콕이 상승 정점에서 포물선을 그리며 낙하하는 것을 의식하며 귀 뒤쪽 오른손에 그립된 라켓(왼쪽, 오른쪽 가슴뼈가 순간적으로 활처럼 펴지는 느낌을 받으며)은 손목을 바깥쪽으로 열어주며 준비 그립에서 포핸드 그립으로 그립 전환한다.

[셔틀콕이 타격하는 위치에 왔을 때]

　왼쪽(가슴뼈, 어깨, 팔꿈치)이 의식적으로 회전을 일으키면서 연동의 힘을 오른쪽(가슴뼈, 어깨, 팔꿈치, 그립된 라켓) 회전에 도움을 올리며 동시에 왼발 앞꿈치는 등 뒤로 착지 되면서 지렛대가 되고 왼쪽 가슴뼈가 뒤로 밀리면서 연동되는 힘을 받았던 오른쪽 가슴뼈가 앞으로 나오면서 자연스러운 몸통 회전을 일으키고 머리 뒤로 넘겼던 라켓 헤드(마음속으로 "둘~, 셋" 셈하는 리듬감을 가지고)는 머리 위쪽 높이보다 조금 앞에서 접혔던 팔꿈치가 셔틀콕을 향하면서 펴지고 동시에 지렛대가 된 왼발 앞꿈치를 축으로 오른발이 1시 방향 1보 전진 이동과 함께 오른손에 라켓은 포핸드 그립으로 중지, 약지, 소지를 당겨주고 엄지는 받쳐주고 검지는 눌러 주면서 라켓 헤드의 탄력과 손목이 닫히면서 회전되는 힘을 이용하며 셔틀콕을 타격한다.

(2) 우측 전위 진행(런닝 스텝)후 포핸드 드라이브

[상대편 코트로 넘어간 셔틀콕이 크로스 커트로 되치는 것을 보면서]

  오버핸드 스윙이 완성되고 1시 방향으로 스매싱 타격과 함께 내디뎠던 오른발에 이어서 왼쪽 겨드랑이 사이로 옮겼던 라켓 헤드는 왼발이 1시 방향으로 내디디며 등 뒤로 내렸던 왼쪽 아래팔과 팔꿈치는 전방을 향하면서 양팔이 삼각형 모양을 만들고 네트를 낮게 크로스 커트로 넘어오는 셔틀콕을 보면서 방향, 거리, 속도를 보며 스플릿 스텝에 이어서 네트를 넘어오는 셔틀콕에 왼발을 1시 방향 진행과 함께 라켓을 그립한 오른손은 손목 스냅과 함께 포핸드 그립으로 그립 전환하고 그립된 라켓과 손바닥에 헐거운 공간이 있으며 손목은 라켓이 타격되는 면을 높이기 위해 위쪽으로 꺾이고 팔꿈치는 몸통 앞쪽에서 살짝 접히며 오른쪽 어깨 윗 공간으로 헤드를 옮기며 겨드랑이를 조금 열어준다.

[네트를 넘어 타격하는 위치에 왔을 때]

  왼쪽 아래팔과 팔꿈치는 아래로 내려서 아래팔을 등 뒤로 향하고 1시 방향으로 내디뎠던 왼발에 이어서 1시 방향으로 오른발의 무릎이 "ㄱ"자를 만들고 내디디면(런닝 스텝) 왼발 뒤꿈치가 들리며 끌리고 오른손에 그립된 라켓 헤드를 내리지 않고 몸통 앞에 둔 팔꿈치를 살짝 접으며 본인 오른쪽 어깨 윗 공간까지 옮겼던 라켓 헤드에서 순간적으로 짧게 손목 스냅을 잡으면 셔틀콕이 네트를 직선으로 넘기게 된다.

(3) 좌측 후위 진행(크로스 스텝)

[우측 전위 진행 드라이브로 타격 완성되면]
 포핸드 드라이브 타격과 함께 1시 방향으로 내디뎠던 오른발은 왼발 뒤꿈치 뒤로 교차 이동하고 나서 왼발은 B 포지션까지 이동(크로스 스텝)하고 양팔이 전방을 향하면서 삼각형 모양을 만들고 준비 그립, 준비 자세 후 스플릿 스텝을 취한다.

1. 언더 클리어
2. 좌우 후위 원 점프 스매싱
3. 좌우 전위 진행 드라이브 & 대각 후위 진행 후
   원 점프 스매싱
4. 좌우 원 점프 스매싱 & 연속 대각 진행 드라이브, 푸시

1
언더 클리어

1) 우측에서 포핸드 언더 클리어

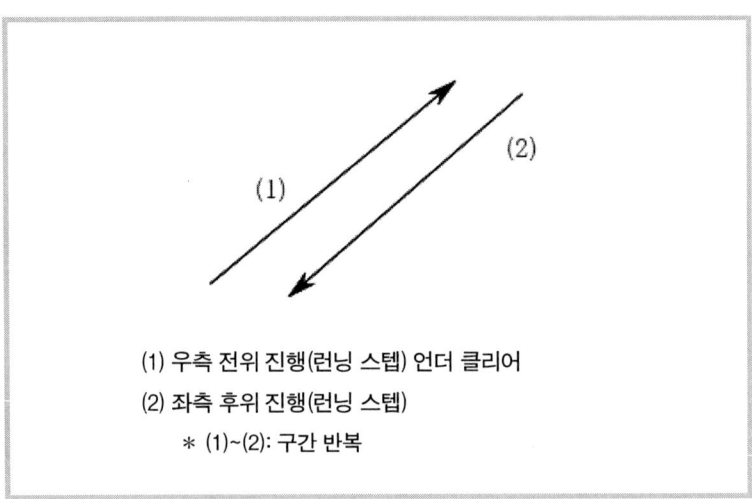

(1) 우측 전위 진행(런닝 스텝) 언더 클리어
(2) 좌측 후위 진행(런닝 스텝)
  * (1)~(2): 구간 반복

 RS 포지션에서 준비 자세, 준비 그립을 취한다.

(1) 우측 전위 진행(런닝 스텝) 언더 클리어

[상대편 코트의 셔틀콕이 스매싱으로 우측 타격을 보면서]

　준비 자세에서 몸의 상체 부분을 좀 더 낮쳐서 준비했던 라켓 헤드는 오른쪽 무릎 높이 정도까지 내리고 우측 전위 진행 예상 경로로 낮게 굽혔던 양쪽 무릎을 조금 올리면서 비스듬히 우측으로 탄력있게 틀고(스플릿 스텝) 나서 왼발을 오른발 앞꿈치 위에 1시 방향으로 내디디며 몸통이 오른쪽으로 틀면서 왼쪽 아래팔과 팔꿈치는 아래로 내려서 아래팔을 등 뒤로 향하고 오른손에 라켓을 그립한 오른팔의 팔꿈치는 쫙 펴면 허리라인에서 15° 정도 빠지며 라켓 헤드의 옆면이 지면과 수평을 유지한다.

[셔틀콕이 빠른 속도로 네트를 넘어 타격하는 위치에 왔을 때]

　1시 방향으로 내디뎠던 왼발에 이어서 오른발도 1시 방향으로 무릎이 "ㄱ"자를 만들면서 내디디면 왼발 뒤꿈치가 들리면서 끌리고 셔틀콕을 의식하며 시선은 상대 코트를 주시하며 허리라인 뒤에 있던 라켓을 오른쪽 무릎과 테니스공정도의 간격을 두고 손목 스냅과 함께 포핸드 그립으로 라켓 헤드로 셔틀콕을 타격하고(라켓 헤드로 셔틀콕 타격 시 바닥에 닿지 않게 주의해야 한다.) 어깨 회전이 충분히 이루어지며 펴졌던 팔꿈치가 가슴 근처에 오면서 접히고 라켓 헤드는 몸 중심을 지나 왼쪽 어깨로 넘어가게 된다.

(2) 좌측 후위 진행(런닝 스텝)

[셔틀콕 타격이 완성되면]

출발했던 RS 포지션을 향해 복귀하는데 언더 클리어로 1시 방향으로 진행했던 오른발을 등 뒤로 빼서 출발했던 위치까지 이동하고 이어서 왼발도 자연스럽게 딸려 오듯 RS 포지션까지 이동하고 준비 그립, 준비 자세 후 스플릿 스텝을 취한다.

2) 좌측에서 백핸드 언더 클리어

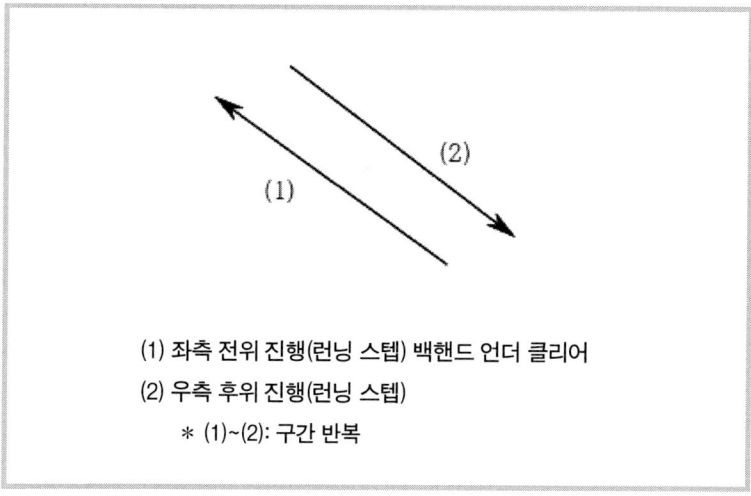

(1) 좌측 전위 진행(런닝 스텝) 백핸드 언더 클리어
(2) 우측 후위 진행(런닝 스텝)
* (1)~(2): 구간 반복

 LS 포지션에서 준비 자세, 준비 그립을 취한다.

(1) 좌측 전위 진행(런닝 스텝) 백핸드 언더 클리어

[상대편 코트의 셔틀콕이 스매싱으로 좌측 타격을 보면서]

 준비 자세에서 몸의 상체 부분을 좀 더 낮춰서 준비했던 라켓 헤드는 오른쪽 무릎 높이 정도까지 내리고 좌측 전위 진행 예상 경로로 낮게 굽혔던 양쪽 무릎을 조금 올리면서 비스듬히 좌측으로 탄력 있게 틀고(스플릿 스텝) 나서 왼발을 11시 방향으로 내디디고 몸통이 왼쪽으로 틀면서 왼쪽 아래팔과 팔꿈치는 아래

로 내려서 아래팔을 등 뒤로 향하고 오른손에 라켓을 그립한 오른팔의 팔꿈치를 쫙 펴면 왼쪽 허리라인에서 15° 정도 등 뒤로 빠지며 라켓 헤드의 옆면이 지면과 수평을 유지한다.

[셔틀콕이 빠른 속도로 네트를 넘어 타격하는 위치에 왔을 때]

11시 방향으로 내디뎠던 왼발에 이어서 오른발도 11시 방향으로 무릎이 "ㄱ"자를 만들면서 내디디면 왼발 뒤꿈치가 들리면서 끌리고 셔틀콕을 의식하며 시선은 상대 코트를 주시하며 왼쪽 허리라인 뒤에 있던 라켓을 오른쪽 무릎이 11시 방향으로 내디뎌서 생긴 왼쪽 무릎의 앞 공간에 두고 손목 스냅과 함께 백핸드 그립으로 라켓 헤드는 셔틀콕을 타격하고(라켓 헤드로 타격 시 바닥에 닿지 않게 주의해야 한다) 접혔던 팔꿈치가 펴지며 오른쪽 손목이 얼굴 시선까지 올린다.

(2) 우측 후위 진행(런닝 스텝)

[셔틀콕 타격이 완성되면]

출발했던 LS 포지션을 향해 복귀하는 데 언더 클리어로 11시 방향으로 내디뎠던 오른발을 등 뒤로 빼서 출발했던 위치까지 이동하고 이어서 왼발도 자연스럽게 딸려오듯 LS 포지션까지 이동하고 준비 그립, 준비 자세 후 스플릿 스텝을 취한다.

2
좌우 후위 원 점프 스매싱

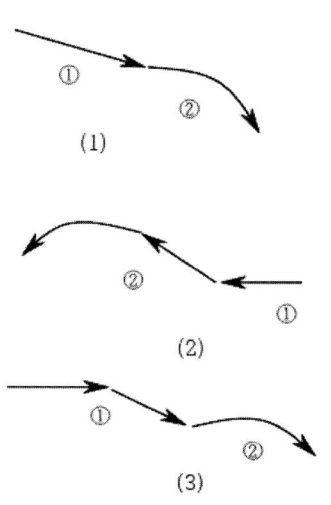

(1)-① 오른발 5시 방향으로 틀고(스플릿 스텝)
(1)-② 오른발 후위 원 점프 스매싱
(2)-① 오른발은 왼발 안쪽까지 밀고(스플릿 스텝)
(2)-② 이어서 왼발은 11시 방향으로 틀고(피벗 스텝)
　　　왼발 후위 원 점프 스매싱(라운드 스윙)
(3)-① 왼발은 오른발 안쪽까지 밀고(스플릿 스텝)
(3)-② 이어서 오른발은 5시 방향으로 틀고(피벗 스텝)
　　　오른발 후위 원 점프 스매싱
　　＊ (2)~(3): 구간 반복

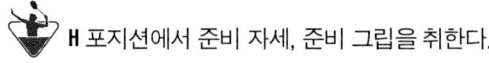 H 포지션에서 준비 자세, 준비 그립을 취한다.

(1)-① 오른발 5시 방향으로 틀고(스플릿 스텝)

[우측 후위 쪽 짧은 언더 클리어를 보면서]

　우측 오른발 원 점프 진행 예상 경로로 마중가는 방향으로 낮게 굽혔던 양쪽 무릎에서 오른발은 등 뒤로 5시 방향으로 빼면서 무게 중심을 오른발 축으로 옮기고 왼발은 살짝 들리게 된다. (스플릿 스텝) 이와 동시에 왼손은 떠오르는 셔틀콕을 향해 가리키고 몸통이 등 뒤로 5시 방향으로 뺐던 오른발과 무게 중심을 만들고 오른손에 그립된 라켓은 귀 높이까지 가져가고 준비 그립에서 손목 스냅과 함께 포핸드 그립으로 그립 전환하고 오른쪽 어깨가 몸통 뒤로 빠지지 않고 간결한 전방 스윙을 준비한다.

(1)-② 오른발 후위 원 점프 스매싱

[네트를 넘어오는 셔틀콕이 타격하는 위치에 왔을 때]

　셔틀콕 진행 방향에 맞춰서 등 뒤 5시 방향으로 뺐던 오른발의 탄력으로 몸이 후위 점프하고 왼쪽(가슴뼈, 어깨, 팔꿈치)이 의식적으로 짧은 반원 회전을 일으키면서 연동의 힘을 받으며 오른쪽(가슴뼈, 어깨, 팔꿈치, 그립된 라켓) 회전에 도움을 올리며 팔꿈치는 셔틀콕 진행 방향에 맞춰서 펴지고 동시에 포핸드 그립 손목은 중지, 약지, 소지를 당겨주고 엄지는 받쳐주고 검지는 눌러 주면서 라켓 헤드의 탄력과 손목이 닫히면서 회전되는 힘을 이용하며 머리 위쪽보다 조금 앞쪽에서 셔틀콕이 스매싱 타격하고 나서 안정감 있게 양발 착지한다.

(2)-① 오른발은 왼발 안쪽까지 밀고(스플릿 스텝)

[우측 후위 오른발 원 점프 스매싱 타격후, 좌측 후위 점프 진행으로 짧은 커트성 언더 클리어를 보면서]

 양발 착지한 후에 준비 그립, 준비 자세로의 전환과 동시에 오른발은 왼발 안쪽까지 밀고(스플릿 스텝) 왼발은 11시 방향으로 크게 이동(피벗 스텝)하고 무게 중심을 몸통과 왼발이 축으로 옮기고 오른발이 살짝 들리게 된다. 이와 동시에 왼손은 셔틀콕을 향해 가리키고 오른손에 그립된 라켓은 귀 높이까지 가져가고 준비 그립에서 손목 스냅과 함께 포핸드 그립으로 그립 전환하고 오른쪽 어깨가 몸통 뒤로 빠지지 않고 간결한 전방 스윙을 준비한다. (라운드 스윙)

(2)-② 이어서 왼발은 11시 방향으로 틀고(피벗 스텝) 왼발 후위 원 점프 스매싱(라운드 스윙)

[네트를 넘어오는 셔틀콕이 타격하는 위치에 왔을 때]

 셔틀콕 진행 방향에 맞쳐서 피벗 스텝으로 11시 방향으로 뺐던 왼발의 탄력으로 몸이 후위 점프하고 왼쪽(가슴뼈, 어깨, 팔꿈치)이 의식적으로 짧은 반원 회전을 일으키면서 연동의 힘을 오른쪽(가슴뼈, 어깨, 팔꿈치, 그립된 라켓) 회전에 도움을 올리며 팔꿈치는 셔틀콕 진행 방향에 맞쳐서 펴지고 동시에 포핸드 그립 손목은 중지, 약지, 소지를 당겨주고 엄지는 받쳐주고 검지는 눌러주면서 라켓 헤드의 탄력과 손목이 닫히면서 회전되는 힘을 이용하며 머리 위쪽보다 조금 앞쪽에서 셔틀콕이 스매싱 타격하고 나서 안정감 있게 양발 착지한다.

(3)-① 왼발은 오른발 안쪽까지 밀고(스플릿 스텝)

[좌측 후위 왼발 원 점프 스매싱(라운드 스윙)타격후, 우측 후위 점프 진행으로 짧은 커트성 언더 클리어를 보면서]

 양발 착지 된 후에, 준비 자세로의 전환과 동시에 왼발은 오른발 안쪽까지 밀고(스플릿 스텝) 오른발은 5시 방향으로 크게 이동(피벗 스텝)하고 무게 중심을 몸통과 오른발을 축으로 옮기고 왼발이 살짝 들리게 된다. 이와 동시에 왼손은 떠오르는 셔틀콕을 향해 가리키고 오른손에 그립된 라켓은 귀 높이까지 가져가고 준비 그립에서 손목 스냅과 함께 포핸드 그립으로 그립 전환하고 오른쪽 어깨가 몸통 뒤로 빠지지 않고 간결한 전방 스윙을 준비한다.

(3)-② 이어서 오른발은 5시 방향으로 틀고(피벗 스텝) 오른발 후위 원점프 스매싱

[네트를 넘어오는 셔틀콕이 타격하는 위치에 왔을 때]

　셔틀콕 진행 방향에 맞서서 피벗 스텝으로 5시 방향으로 뺐던 오른발의 탄력으로 몸이 후위 점프 되고 왼쪽(가슴뼈, 어깨, 팔꿈치)이 의식적으로 짧은 반원 회전을 일으키면서 연동의 힘을 오른쪽(가슴뼈, 어깨, 팔꿈치, 그립된 라켓) 회전에 도움을 올리며 팔꿈치는 셔틀콕 진행 방향에 맞서서 펴지고 동시에 포핸드 그립 손목은 중지, 약지, 소지를 당겨 주고 엄지는 받쳐주고 검지는 눌러 주면서 라켓 헤드의 탄력과 손목이 닫히면서 회전되는 힘을 이용하며 머리 위쪽보다 조금 앞쪽에서 셔틀콕을 스매싱 타격하고 나서 안정감 있게 양발 착지한다.

3
좌우 전위 진행 드라이브 &
대각 후위 진행 후 원 점프 스매싱

1) 우측 전위 진행 포핸드 드라이브 & 좌측 후위 진행 후 좌측으로 왼발 원 점프 스매싱(라운드 스윙)

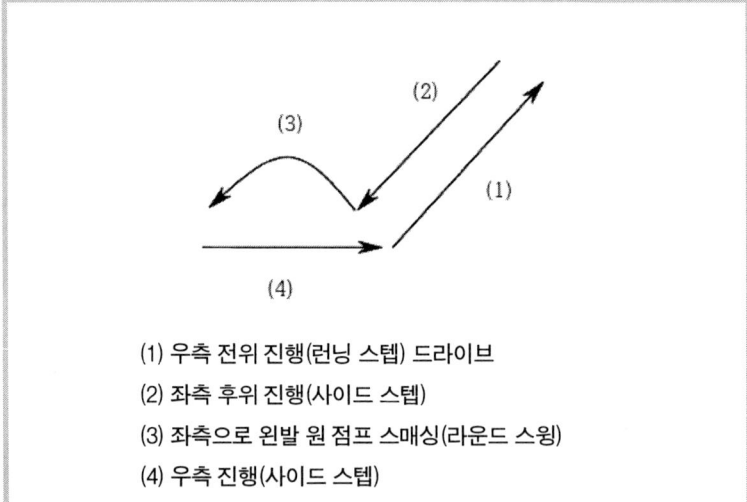

(1) 우측 전위 진행(런닝 스텝) 드라이브
(2) 좌측 후위 진행(사이드 스텝)
(3) 좌측으로 왼발 원 점프 스매싱(라운드 스윙)
(4) 우측 진행(사이드 스텝)

 H 포지션에서 준비 자세, 준비 그립을 취한다.

(1) 우측 전위 진행(런닝 스텝) 드라이브

[우측 전위로 짧은 커트성 드라이브를 보면서]

우측 전위 진행 예상 경로로 낮게 굽혔던 양쪽 무릎을 조금 올리면서 비스듬히 우측으로 탄력있게 틀고(스플릿 스텝) 나서 왼발을 1시 방향 오른발 위쪽으로 내서 디디고 왼쪽 아래팔과 팔꿈치는 아래로 내려서 아래팔을 등 뒤로 향한다. 라켓을 그립한 오른손은 손목 스냅과 함께 포핸드 그립으로 전환 그립하고 그립된 라켓과 손바닥에 헐거운 공간이 있으며 손목은 라켓이 타격하는 면을 높이기 위해 위쪽으로 꺾이고 팔꿈치는 몸통 앞쪽에서 살짝 접으며 오른쪽 어깨 윗 공간으로 라켓의 헤드를 옮긴다.

[네트를 넘어 타격하는 위치에 왔을 때]

1시 방향으로 내디뎠던 왼발에 이어서 오른발을 크게 1시 방향으로 무릎이 "ㄱ"자를 만들면서 내디디면 왼발 뒤꿈치가 들리면서 끌리고 오른쪽 어깨 윗 공간으로 옮겼던 라켓 헤드는 네트를 넘어오는 셔틀콕에 순간적으로 짧게 손목 스냅을 잡아서 가볍게 타격하고 네트를 직선으로 넘기게 된다.

(2) 좌측 후위 진행(사이드 스텝)

[좌측 크로스로 짧은 커트를 보면서]

  셔틀콕 타격과 함께 1시 방향으로 내디뎠던 오른발은 왼발 안쪽까지 끌어오고 등 뒤로 내렸던 왼쪽 아래팔과 팔꿈치는 전방을 향하면서 양팔이 삼각형 모양을 만들고 왼발은 탄력있게 H 포지션까지 밀어서(사이드 스텝) 이동한다.

(3) 좌측으로 왼발 원 점프 스매싱(라운드 스윙)

[좌측으로 조금 높고 짧게 네트를 넘어오는 셔틀콕을 보면서]

  사이드 스텝으로 H 포지션까지 이동했던 왼발은 살짝 들리면서 몸통과 오른발에 무게 중심을 두고 왼손은 네트를 넘어오는 셔틀콕을 가리키며 오른손에 그립된 라켓은 어깨 뒤로 20~30° 정도의 각도로 귀 높이까지 가져가고 손목 스냅과 함께 손목을 바깥쪽으로 열어주며 준비 그립에서 포핸드 그립으로 그립 전환하며 왼발 원 점프 스매싱을 준비한다.

[좌측으로 조금 높고 짧게 타격하는 위치에 왔을 때]

  왼쪽(가슴뼈, 어깨, 팔꿈치)이 의식적으로 회전을 일으키면서 연동의 힘을 오른쪽(가슴뼈, 어깨, 팔꿈치, 그립된 라켓) 회전에 도움을 올리며 들렸던 왼발은 9시 방향으로 내디딤과 함께 오른손에 그립된 라켓을 구심점으로 만들면서 좌측으로 왼발 원 점프를 하며 라켓 헤드는 오버핸드 스트로크를 하지 않고 라켓 헤드를 옆으로 돌리는 스매싱(라운드 스윙)으로 셔틀콕이 타격하고 나서 양발이 안정감 있게 착지한다.

(4) 우측 진행(사이드 스텝)

[좌측으로 왼발 원 점프 스매싱 타격이 완성되면]

몸통과 9시 방향으로 내디뎠던 왼발에 무게 중심 탄력을 이용해서 좌측으로 왼발 원 점프 스매싱으로 타격하고 나서 안정감 있게 양발 착지하고 반동하는 탄력을 이용했던 왼발은 오른발 안쪽으로 끌어오고 오른발은 출발했던 H 포지션까지 밀어서 이동하고 준비 그립, 준비 자세 후 스플릿 스텝을 취한다.

2) 좌측 전위 진행 백핸드 드라이브 & 우측 후위 진행 후 우측으로 오른발 원 점프 스매싱

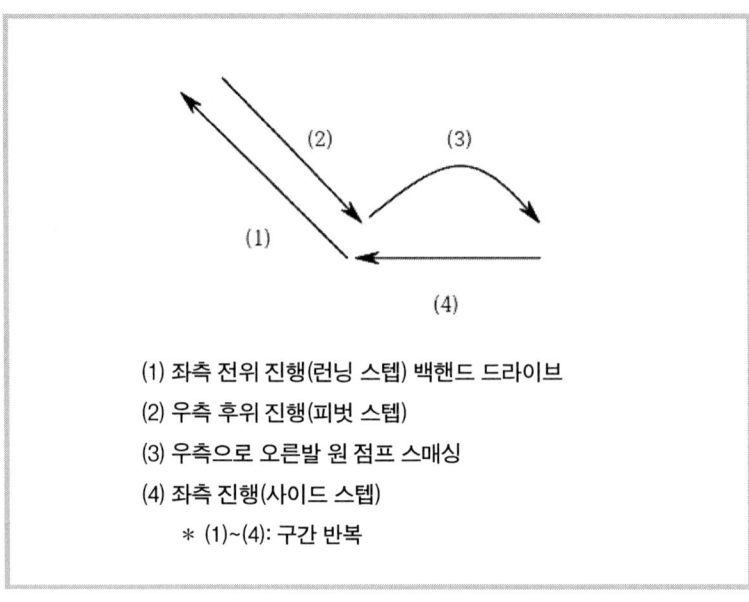

(1) 좌측 전위 진행(러닝 스텝) 백핸드 드라이브
(2) 우측 후위 진행(피벗 스텝)
(3) 우측으로 오른발 원 점프 스매싱
(4) 좌측 진행(사이드 스텝)
 * (1)~(4): 구간 반복

 H 포지션에서 준비 자세, 준비 그립을 취한다.

(1) 좌측 전위 진행(러닝 스텝) 백핸드 드라이브

[좌측 전위로 짧은 커트성 드라이브를 보면서]
　좌측 전위 진행 예상 경로로 낮게 굽혔던 양쪽 무릎을 조금 올리면서 비스듬히 좌측으로 탄력 있게 틀고(스플릿 스텝) 나서

왼발을 11시 방향으로 내디디고 나서 왼쪽 아래팔과 팔꿈치는 아래로 내려서 아래팔을 등 뒤로 향한다. 라켓을 그립한 오른손은 손목 스냅과 함께 백핸드 그립으로 전환 그립하고 그립된 라켓과 손바닥에 헐거운 공간이 있으며 손목은 라켓이 타격하는 면을 높이기 위해 위쪽으로 꺾이고 팔꿈치는 몸통 앞쪽에서 살짝 접으며 왼쪽 어깨 윗 공간으로 라켓의 헤드를 옮긴다.

[네트를 넘어 타격하는 위치에 왔을 때]

11시 방향으로 내디뎠던 왼발에 이어서 오른발을 크게 11시 방향으로 무릎이 "ㄱ"자를 만들면서 내디디면 왼발 뒤꿈치가 들리면서 끌리고 왼쪽 어깨 윗 공간으로 옮겼던 라켓 헤드는 네트를 넘어오는 셔틀콕에 순간적으로 짧게 손목 스냅을 잡아서 가볍게 타격하고 네트를 직선으로 넘기게 된다.

(2) 우측 후위 진행(피벗 스텝)

[우측 크로스로 짧은 커트를 보면서]

오른쪽 어깨를 등 뒤로 틀면서 셔틀콕 타격과 함께 11시 방향으로 이동했던 오른발은 왼발 옆으로 지나면서 등 뒤로 빼고 오른발의 앞꿈치는 3시 방향을 가리킨다. (피벗 스텝)

(3) 우측으로 오른발 원 점프 스매싱

[우측으로 조금 높고 짧게 네트를 넘어오는 셔틀콕을 보면서]

 피벗 스텝으로 3시 방향으로 내디뎠던 오른발에 이어서 오른손에 그립된 라켓은 오른쪽 어깨 윗 공간으로 샤프트를 올리며 손목을 귀 높이까지 가져가고 손목 스냅과 함께 손목을 바깥쪽으로 열어주며 준비 그립에서 포핸드 그립으로 그립 전환하며 우측으로 오른발 원 점프 스매싱을 준비한다.

[우측으로 조금 높고 짧게 타격하는 위치에 왔을 때]

 3시 방향으로 내디뎠던 오른발에 몸통과 무게 중심을 두고 셔틀콕 진행 방향에 맞춰서 왼발이 살짝 들리고 몸통과 오른발의 중심 탄력을 이용해서 우측으로 몸이 점프하고 왼쪽(가슴뼈, 어깨, 팔꿈치)이 의식적으로 짧은 반원 회전을 일으키면서 연동의 힘을 받으며 오른쪽(가슴뼈, 어깨, 팔꿈치, 그립된 라켓)이 앞으로 나오면서 팔꿈치가 셔틀콕 진행 방향에 맞춰서 펴지고 동시에 바깥쪽으로 열었던 손목은 중지, 약지, 소지를 당겨주고 엄지는 받쳐주고 검지는 눌러 주면서 라켓 헤드의 탄력과 손목이 닫히면서 회전되는 힘을 이용하며 몸이 점프한 상황에서 셔틀콕이 스매싱 타격하고 나서 양발이 안정감 있게 착지한다.

(4) 좌측 진행(사이드 스텝)

[우측으로 오른발 원 점프 스매싱 타격이 완성되면]

　몸통과 오른발 무게 중심 탄력을 이용해서 우측으로 오른발 원 점프 스매싱으로 타격되고 나서 안정감 있게 양발 착지하고 반동하는 탄력을 이용했던 오른발은 왼발 안쪽으로 끌어오고 왼발은 출발했던 H 포지션까지 밀어서 이동하고 준비 그립, 준비 자세 후 스플릿 스텝을 취한다.

4
좌우 원 점프 스매싱 &
연속 대각 진행 드라이브, 푸시

1) 우측으로 오른발 원 점프 스매싱 & 연속으로 좌측 전위 진행 백핸드 드라이브, 백핸드 푸시

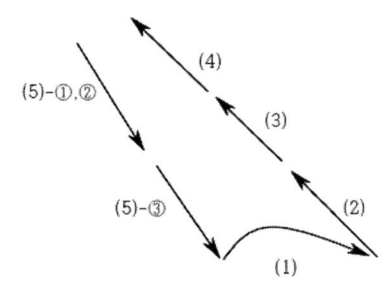

(1) 우측으로 오른발 원 점프 스매싱
(2) 좌측 전위 진행(사이드 스텝)
(3) 좌측 전위 진행(런닝 스텝) 백핸드 드라이브
(4) 좌측 전위 진행(런닝 스텝) 백핸드 푸시
(5) 우측 후위 진행(런닝 스텝, 피벗 스텝)
  ∗ (1)~(5): 구간 반복

 H 포지션에서 준비 자세, 준비 그립을 취한다.

(1) 우측으로 오른발 원 점프 스매싱

[상대편 코트의 셔틀콕이 조금 높고 짧은 커트로 우측 타격을 보면서]

　우측으로 오른발 원 점프 진행 마중가는 예상 경로로 낮게 굽혔던 양쪽 무릎을 조금 올리면서 오른발을 3시 방향으로 내디디고(스플릿 스텝) 왼손은 셔틀콕을 향해 가리키고 오른손에 그립된 라켓은 어깨 뒤로 20~30° 정도의 각도로 오른손을 귀 높이까지 가져가며 라켓 그립은 준비 그립에서 손목 스냅과 함께 포핸드 그립으로 전환 그립하고 라켓의 샤프트를 오른쪽 어깨 윗 공간으로 뺀다.

[셔틀콕이 네트를 넘어 타격되는 위치에 왔을 때]

　3시 방향으로 내디뎠던 오른발과 몸통에 무게 중심을 두며 왼발이 살짝 들리고 우측으로 오른발 원 점프를 하면서 순차적으로 왼쪽(가슴뼈, 어깨, 팔꿈치)이 의식적으로 회전을 일으키면서 연동의 힘을 오른쪽(가슴뼈, 어깨, 팔꿈치, 그립된 라켓) 회전에 도움을 올리며(이때, 오른쪽, 가슴뼈, 어깨, 팔꿈치가 등 뒤로 빠지지 않는다.) 라켓 헤드의 탄력과 중지, 약지, 소지를 당겨주고 엄지는 받쳐주고 검지는 눌러주며 손목이 닫히면서 회전되는 힘을 이용하며 스매싱으로 셔틀콕이 타격하고 나서 양발이 안정감 있게 착지한다.

(2) 좌측 전위 진행(사이드 스텝)

[셔틀콕이 우측으로 오른발 원 점프 스매싱이 완성되고 좌측으로 짧은 커트로 되치는 것을 보면서]

　오른손에 그립된 라켓은 준비 그립을 하고 등 뒤로 내렸던 왼쪽 아래팔과 팔꿈치는 전방을 향하면서 양팔이 삼각형 모양을 만들고 오른발은 왼발 안쪽까지 밀어서 좌측 전위 11시 방향으로 밀어낼 만큼 끌어오고 이어서 왼발은 11시 방향으로 밀어낸다. (좌측 전위 진행 사이드 스텝)

(3) 좌측 전위 진행(러닝 스텝) 백핸드 드라이브

[셔틀콕이 좌측으로 네트를 넘어 짧은 커트가 백핸드 드라이브로 타격하는 위치에 왔을 때]

　사이드 스텝으로 11시 방향으로 밀었던 왼발에 이어서 왼쪽 아래팔과 팔꿈치는 아래로 내려서 등 뒤로 향하고 오른손에 그립된 라켓은 손목 스냅과 함께 백핸드 그립으로 전환 그립하고 그립된 라켓과 손바닥에 헐거운 공간이 있으며 손목은 라켓이 타격되는 면을 높이기 위해 위쪽으로 꺾이고 팔꿈치는 몸통 앞쪽에서 살짝 접히며 왼쪽 어깨 윗 공간으로 헤드를 옮기며 오른발을 11시 방향으로 무릎이 "ㄱ"자를 만들면서 내디디면 왼발 뒤꿈치가 들리면서 끌리고 왼쪽 어깨 윗 공간으로 옮겼던 헤드는 네트를 넘어오는 셔틀콕에 순간적으로 짧게 손목 스냅을 잡아서 가볍게 타격하고 네트를 직선으로 넘긴다.

(4) 좌측 전위 진행(런닝 스텝) 백핸드 푸시

[좌측에서 백핸드 드라이브로 네트를 넘겼던 셔틀콕이 네트 앞을 둥 떠서 푸시로 타격하는 위치에 왔을 때]

　좌측 전위로 백핸드 드라이브 타격과 함께 내디뎠던 오른발에 이어서 왼발을 11시 방향으로 내디디며 오른손에 그립된 라켓은 준비 그립이 되고 양팔이 삼각형 모양을 만들고 나서 오른발을 가볍게 11시 방향으로 내디딤과 동시에 왼쪽 아래팔과 팔꿈치는 아래로 내려서 아래팔을 등 뒤로 향하고 오른손에 그립된 라켓은 손목 스냅과 함께 백핸드 그립으로 전환 그립하고 오른쪽 팔꿈치는 몸통 앞에 두고 라켓 스윙시 네트 위를 넘지 않을 만큼의 공간 확보하고 라켓 헤드는 네트를 넘어오는 셔틀콕에 맞추며 팔꿈치가 50% 정도 펴진다는 느낌을 갖고서 왼발 뒤꿈치가 들리면서 살짝 끌리고 손목 스냅은 순간적인 악력과 함께 눌러주며(밀어준다는 느낌이 아니고) 셔틀콕을 백핸드 푸시로 타격한다.

(5) 우측 후위 진행(런닝 스텝, 피벗 스텝)

[좌측 전위 진행으로 백핸드 푸시로 셔틀콕 타격이 완성되면]

　11시 방향으로 내디뎠던 ① 오른발을 등 뒤 우측 후위 진행(5시방향)으로 내디디며 오른손에 그립된 라켓은 준비 그립이 되고 양팔이 삼각형 모양을 만들고 이어서 ② 왼발도 등 뒤 우측 후위 진행(5시 방향)으로 내디디고 나서(런닝 스텝)

[상대편 코트의 셔틀콕이 조금 높고 짧은 커트로 우측 타격을 보면서]

　오른쪽 어깨를 등 뒤로 살짝 틀면서 ③ 오른발은 왼발 옆으로 지나면서 큰 각으로 등 뒤로 빼고 오른발의 앞꿈치는 3시 방향을 가리키며(피벗 스텝) 양쪽 무릎을 낮게 하는 자세에서 몸통과 오른발에 무게 중심을 두고 왼발이 살짝 들리고 오른손에 그립된 라켓은 오른쪽 어깨 윗 공간으로 샤프트를 올리며 손목을 귀 높이까지 가져가고 준비 그립에서 손목 스냅과 함께 포핸드 그립으로 그립 전환하며 우측으로 오른발 원 점프 스매싱을 준비한다.

2) 좌측으로 왼발 원 점프 스매싱(라운드 스윙) & 연속으로 우측 전위 진행 포핸드 드라이브, 포핸드 푸시

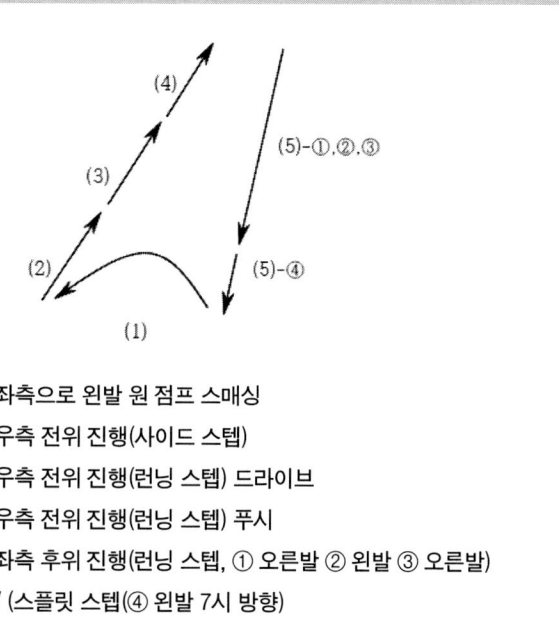

(1) 좌측으로 왼발 원 점프 스매싱
(2) 우측 전위 진행(사이드 스텝)
(3) 우측 전위 진행(러닝 스텝) 드라이브
(4) 우측 전위 진행(러닝 스텝) 푸시
(5) 좌측 후위 진행(러닝 스텝, ① 오른발 ② 왼발 ③ 오른발)
  / (스플릿 스텝 ④ 왼발 7시 방향)
  * (1)~(5): 구간 반복

 H 포지션에서 준비 자세, 준비 그립을 취한다.

(1) 좌측으로 왼발 원 점프 스매싱

[상대편 코트의 셔틀콕이 조금 높고 짧은 커트로 좌측 타격을 보면서]

  좌측으로 왼발 원 점프 진행 마중가는 예상 경로로 낮게 굽혔던 양쪽 무릎을 조금 올리면서 왼발을 9시 방향으로 내디디고 (스플릿 스텝) 왼손은 셔틀콕을 가리키고 오른손에 그립된 라켓은 어깨 뒤로 20~30° 정도의 각도로 오른손을 귀 높이까지 가져가며 라켓 그립은 준비 그립에서 손목 스냅과 함께 포핸드 그립으로 전환 그립하고 라켓 헤드를 옆으로 스윙(라운드 스윙)을 준비하며 라켓의 샤프트를 오른쪽 어깨 윗 공간으로 뺀다.

[셔틀콕이 네트를 넘어 타격하는 위치에 왔을 때]

  9시 방향으로 내디뎠던 왼발과 몸통에 무게 중심을 두고 오른발이 살짝 들리고 좌측으로 왼발 원 점프를 하면 순간적으로 왼쪽(가슴뼈, 어깨, 팔꿈치)이 의식적으로 회전을 일으키면서 연동의 힘을 오른쪽(가슴뼈, 어깨, 팔꿈치, 그립된 라켓) 회전에 도움을 올리며(이때, 오른쪽 가슴뼈, 어깨, 팔꿈치가 등 뒤로 빠지지 않는다.) 라켓 헤드를 머리 윗 공간에서 옆으로 스윙(라운드 스윙) 하며 라켓 헤드의 탄력과 중지, 약지, 소지를 당겨주고 엄지는 받쳐주고 검지는 눌러주며 손목이 닫히면서 회전되는 힘을 이용하며 스매싱으로 셔틀콕이 타격하고 양발이 안정감 있게 착지한다.

(2) 우측 전위 진행(사이드 스텝)

[셔틀콕이 좌측으로 왼발 원 점프 스매싱 완성되고 우측으로 짧은 커트로 되치는 것을 보면서]

　오른손에 그립된 라켓은 준비 그립을 하고 등 뒤로 내렸던 왼쪽 아래팔과 팔꿈치는 전방을 향하면서 양팔이 삼각형 모양을 만들고 왼발은 오른발 안쪽까지 밀어서 우측 전위 방향으로 밀어낼 만큼 끌어오고 이어서 오른발은 1시 방향으로 밀어낸다. (우측 전위 진행: 사이드 스텝)

(3) 우측 전위 진행(러닝 스텝) 드라이브

[셔틀콕이 우측으로 네트를 넘어 짧은 커트가 포핸드 드라이브로 타격하는 위치에 왔을 때]

　사이드 스텝이 1시 방향으로 밀었던 오른발에 이어서 왼발을 1시 방향으로 내디디고 나서 왼쪽 아래팔과 팔꿈치는 아래로 내려서 등 뒤로 향하고 동시에 오른손에 그립된 라켓은 손목 스냅과 함께 포핸드 그립으로 전환 그립하고 그립된 라켓과 손바닥에 헐거운 공간이 있으며 손목은 라켓이 타격하는 면을 높이기 위해 위쪽으로 꺾이고 팔꿈치는 몸통 앞쪽에서 살짝 접히며 오른쪽 어깨 윗 공간으로 헤드를 옮기며 오른발을 1시 방향으로 무릎이 "ㄱ"자를 만들면서 내디디면 왼발 뒤꿈치가 들리면서 끌리고 오른쪽 어깨 윗 공간으로 옮겼던 헤드는 네트를 넘어오는 셔틀콕에 순간적으로 짧게 손목 스냅을 잡아서 가볍게 타격하고 네트를 직선으로 넘긴다.

(4) 우측 전위 진행(런닝 스텝) 푸시

[우측에서 드라이브로 네트를 넘겼던 셔틀콕이 우측 네트 앞으로 둥 떠서 푸시로 타격하는 위치에 왔을 때]

 우측 전위로 포핸드 드라이브 타격과 함께 내디뎠던 오른발에 이어서 왼발을 1시 방향으로 내디디며 오른손에 그립된 라켓은 준비 그립이 되고 양팔이 삼각형 모양을 만들고 나서 오른발을 가볍게 1시 방향으로 내서 디딤과 동시에 왼쪽 아래팔과 팔꿈치는 아래로 내려서 아래팔을 등 뒤로 향하고 오른손에 그립된 라켓은 손목 스냅과 함께 포핸드 그립으로 전환 그립하고 오른쪽 팔꿈치는 몸통 앞에 두고 라켓 스윙시 네트 위를 넘지 않을 만큼의 공간 확보하고 라켓 헤드는 네트를 넘어오는 셔틀콕에 맞추며 팔꿈치가 50% 정도 펴진다는 느낌을 갖고 왼발 뒤꿈치가 들리며 끌리고 손목 스냅을 순간적으로 악력과 함께 눌러주며(밀어준다는 느낌이 아니고) 셔틀콕을 푸시로 타격한다.

(5) 좌측 후위 진행(러닝 스텝, ① 오른발 ② 왼발 ③ 오른발) / (스플릿 스텝(④ 왼발 7시 방향)

[우측 전위 진행으로 포핸드 푸시로 셔틀콕 타격이 완성되면]

 1시 방향으로 내디뎠던 ① 오른발을 등 뒤 좌측 후위 진행 7시 방향으로 내디디며 오른손에 그립된 라켓은 준비 그립이 되고 양팔이 삼각형 모양을 만들고 이어서 ② 왼발, ③ 오른발을 등 뒤 좌측 후위 진행 7시 방향으로 순차적으로 내디디고 나서

[좌측으로 조금 높고 짧은 커트를 보면서 좌측으로 왼발 원 점프 스매싱을 준비한다]

 양쪽 무릎을 낮게 굽히는 자세에서 ④ 왼발을 등 뒤 좌측 후위 진행 7시 방향으로 내디디면서(스플릿 스텝) 좌측으로 왼발 원 점프를 준비하며 몸통과 왼발에 무게 중심을 두면 오른발이 살짝 들리고 오른손에 그립된 라켓은 오른쪽 어깨 윗 공간으로 샤프트를 올리며 손목을 귀 높이까지 가져가고 손목 스냅과 함께 손목을 바깥쪽으로 열어주며 준비 그립에서 포핸드 그립으로 그립 전환하고 라켓 헤드를 옆으로 스윙(라운드 스윙)을 준비하며 샤프트를 오른쪽 어깨 윗 공간으로 뺀다.

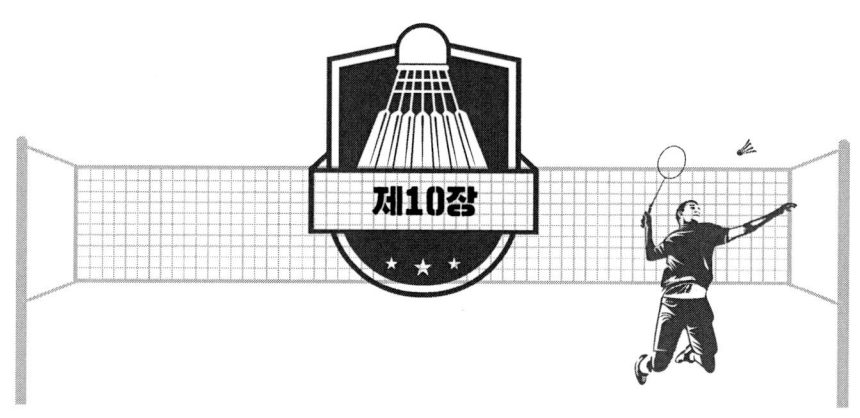

1. 좌우 드라이브 & 전위 진행 푸시
2. 연속 좌우 후위 진행 스매싱 & 연속 전위 진행 드라이브, 푸시
3. 좌우 후위 진행 스매싱 & 연속 전위 진행 드라이브, 푸시 & 사이드 진행 푸시

1
좌우 드라이브 & 전위 진행 푸시

1) 우측에서 포핸드 드라이브 & 전위 진행 포핸드 푸시

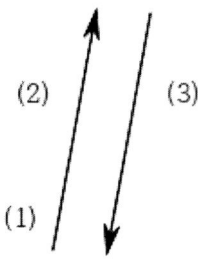

(1) 오른쪽(RS)에서 전방 드라이브
(2) 전위 진행(러닝 스텝) 푸시
(3) 후위 진행(러닝 스텝, 스플릿 스텝)
  ∗ (1)~(3): 구간 반복

 RS 포지션에서 준비 자세, 준비 그립을 취한다.

(1) 오른쪽(RS)에서 전방 드라이브

[상대편 코트에서 빠른 드라이브로 셔틀콕 타격을 보면서]

전방 진행 예상 경로로 낮게 굽혔던 오른쪽 무릎을 1시 방향으로 탄력 있게 내렸다 올리면서(스플릿 스텝) 왼쪽 아래팔과 팔꿈치는 아래로 내려서 아래팔을 등 뒤로 향한다. 라켓을 그립한 오른손은 손목 스냅과 함께 포핸드 그립으로 전환 그립하고 그립된 라켓과 손바닥에 헐거운 공간이 있으며 손목은 라켓이 타격되는 면을 높이기 위해 위쪽으로 꺾이고 팔꿈치는 몸통 앞쪽에서 살짝 접히며 오른쪽 어깨 윗 공간으로 라켓의 헤드를 옮긴다.

[네트를 직선으로 넘어오는 셔틀콕을 보면서 타격하는 위치에 왔을 때]

1시 방향으로 내디뎠던 오른발(스플릿 스텝) 무릎을 "ㄱ"자를 만들면서 내디디면 왼발 뒤꿈치가 들리면서 끌리고 오른쪽 어깨 윗 공간으로 옮겼던 헤드는 네트를 넘어오는 셔틀콕에 순간적으로 짧게 손목 스냅을 잡아서 가볍게 타격하고 네트를 직선으로 넘기게 된다.

(2) 전위 진행(런닝 스텝) 푸시

[상대편 코트에서 짧은 커트로 네트를 넘어 둥 뜨는 높이로 보면서]
 등 뒤에서 셔틀콕 타격과 함께 살짝 끌렸던 왼발은 1시 방향으로 내서 디디며 오른손에 그립된 라켓은 준비 그립이 되고 등 뒤로 내렸던 왼쪽 아래팔과 팔꿈치는 전방을 향하면서 양팔이 삼각형 모양을 만든다.

[셔틀콕이 네트 앞에서 둥 떠 푸시로 타격하는 위치에 왔을 때]
 1시 방향으로 내디뎠던 왼발에 이어서 오른발을 1시 방향으로 내디딤과 함께 왼쪽 아래팔과 팔꿈치는 아래로 내려서 아래팔을 등 뒤로 향하고 오른손에 그립된 라켓은 준비 그립에서 손목 스냅과 함께 포핸드 그립으로 전환 그립하고 팔꿈치는 몸통 앞에 두면서 오른쪽 어깨 윗 공간으로 라켓 헤드를 옮기고 라켓 스윙시 네트를 넘지 않을 만큼의 공간 확보(라켓 헤드는 네트를 넘어오는 셔틀콕에 맞추며 팔꿈치가 50% 정도 펴진다는 느낌)하며 손목 스냅으로 셔틀콕을 푸시로 타격한다.

(3) 후위 진행(런닝 스텝, 스플릿 스텝)

[전방 전위 진행으로 셔틀콕이 포핸드 푸시로 타격 완성되면]
 1시 방향으로 내디뎠던 오른발은 등 뒤 7시 방향으로 내디딤

과 함께 오른손에 그립된 라켓이 준비 그립이 되고 등 뒤로 내렸던 왼쪽 아래팔과 팔꿈치는 전방을 향하면서 양팔이 삼각형 모양을 만들고 이어서 왼발을 등 뒤 7시 방향으로 내디디고 상대 코트에서 빠른 드라이브로 타격하는 것을 보면서 오른발을 등 뒤 7시 방향으로 내디딤과 함께 허벅지를 벌리면서 양쪽 무릎을 낮게 굽혔다 탄력있게 올리면서(스플릿 스텝) 준비 자세를 취한다.

2) 좌측에서 백핸드 드라이브 & 전위 진행 백핸드 푸시

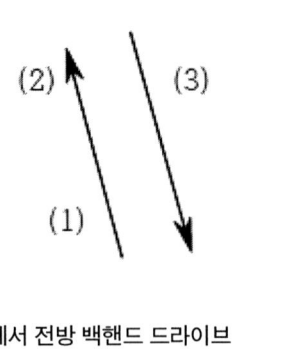

(1) 왼쪽(LS)에서 전방 백핸드 드라이브
(2) 전위 진행(러닝 스텝) 백핸드 푸시
(3) 후위 진행(러닝 스텝, 스플릿 스텝)
 * (1)~(3): 구간 반복

 LS 포지션에서 준비 자세, 준비 그립을 취한다.

(1) 왼쪽(LS)에서 전방 백핸드 드라이브

[상대편 코트에서 빠른 드라이브로 셔틀콕 타격을 보면서]

　전방 진행 예상 경로로 낮게 굽혔던 오른쪽 무릎을 11시 방향으로 탄력있게 내렸다 올리면서(스플릿 스텝) 왼쪽 아래팔과 팔꿈치는 아래로 내려서 아래팔을 등 뒤로 향한다. 라켓을 그립한 오른손은 손목 스냅과 함께 백핸드 그립으로 전환 그립하고 그립된 라켓과 손바닥에 헐거운 공간이 있으며 손목은 라켓이 타격하는 면을 높이기 위해 위쪽으로 꺾이고 팔꿈치는 몸통 앞쪽에서 살짝 접히며 왼쪽 어깨 윗 공간으로 라켓의 헤드를 옮긴다.

[네트를 직선으로 넘어오는 셔틀콕을 보면서 타격하는 위치에 왔을 때]

11시 방향으로 내디뎠던 오른발(스플릿 스텝) 무릎을 "ㄱ"자를 만들면서 내디디면 왼발 뒤꿈치가 들리면서 끌리고 왼쪽 어깨 윗 공간에 헤드는 네트를 넘어오는 셔틀콕에 순간적으로 짧게 손목 스냅을 잡아서 가볍게 타격하고 네트를 직선으로 넘기게 된다.

(2) 전위 진행(런닝 스텝) 백핸드 푸시

[상대편 코트에서 짧은 커트로 네트를 넘어 둥 뜨는 것을 보면서]

등 뒤에서 셔틀콕 타격과 함께 살짝 끌렸던 왼발은 11시 방향으로 내서 디디며 오른손에 그립된 라켓은 준비 그립이 되고 등 뒤로 내렸던 왼쪽 아래팔과 팔꿈치는 전방을 향하면서 양팔이 삼각형 모양을 만든다.

[셔틀콕이 네트 앞에서 둥 떠 푸시로 타격하는 위치에 왔을 때]

11시 방향으로 내디뎠던 왼발에 이어서 오른발을 11시 방향으로 내디딤과 동시에 왼쪽 아래팔과 팔꿈치는 아래로 내려서 아래팔을 등 뒤로 향하고 오른손에 그립된 라켓은 손목 스냅과 함께 준비 그립에서 백핸드 그립으로 전환 그립하고 팔꿈치는 몸통 앞에 두면서 왼쪽 어깨 윗 공간으로 헤드를 옮기고 라켓 스윙시 네트를 넘지 않을 만큼의 공간 확보(라켓 헤드는 네트를 넘어오는 셔틀콕에 맞추며 팔꿈치가 50% 정도 펴진다는 느낌)하며 손목 스냅으로 셔틀콕을 백핸드 푸시로 타격한다.

(3) 후위 진행(런닝 스텝, 스플릿 스텝)

[전방 전위 진행으로 셔틀콕이 백핸드 푸시로 타격 완성되면]
　11시 방향으로 내디뎠던 오른발은 등 뒤 5시 방향으로 내디딤과 함께 오른손에 그립된 라켓이 준비 그립이 되고 양팔이 삼각형 모양을 만들고 이어서 왼발을 등 뒤 5시 방향으로 내디디고 상대 코트에서 빠른 드라이브로 타격하는 것을 보면서 오른발을 등 뒤 5시 방향으로 내디딤과 동시에 허벅지를 벌리면서 양쪽 무릎을 낮게 굽혔다 탄력있게 올리면서(스플릿 스텝) 준비 자세를 취한다.

2

연속 좌우 후위 진행 스매싱 &
연속 전위 진행 드라이브, 푸시

1) 좌측, 우측 후위 진행 스매싱 & 연속 전위 진행 포핸드 드라이브, 포핸드 푸시

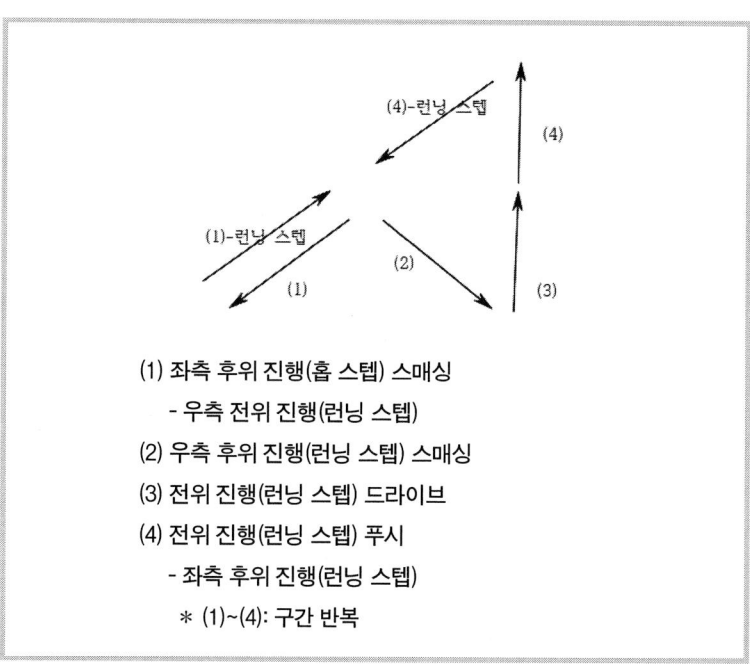

(1) 좌측 후위 진행(홉 스텝) 스매싱
  - 우측 전위 진행(런닝 스텝)
(2) 우측 후위 진행(런닝 스텝) 스매싱
(3) 전위 진행(런닝 스텝) 드라이브
(4) 전위 진행(런닝 스텝) 푸시
  - 좌측 후위 진행(런닝 스텝)
  * (1)~(4): 구간 반복

 B 포지션에서 준비 자세, 준비 그립을 취한다.

(1) 좌측 후위 진행(홉 스텝) 스매싱 - 우측 전위 진행(런닝 스텝)

[상대편 코트에서 언더 클리어를 좌측 후위 쪽 타격을 보면서]

 좌측 후위 진행 예상 경로로 마중 가는 방향으로 낮게 굽혔던 양쪽 무릎이 왼발은 7시 방향, 오른발은 1시 방향으로 벌려서 올리며(스플릿 스텝) 왼손은 떠오르는 셔틀콕을 향해 쭉 뻗어 가리키고 오른손에 그립된 라켓은 어깨 뒤로 20~30° 정도의 각도로 귀 높이까지 가져간다.

[셔틀콕이 좌측 후위 진행으로 높게 네트를 향해 오는 것을 보면서]

 좌측 후위 진행으로 내디뎠던 왼발 앞꿈치를 축으로 7시 방향에서 8시 방향으로 틀어 주면서 셔틀콕과의 거리를 보며 왼발 뜀뛰기(홉 스텝)를 하고 나서 오른발을 등 뒤로 이동시키고 나면 왼발이 테니스공만큼 들리면서 네트를 넘어오는 셔틀콕이 상승 정점에서 포물선을 그리고 낙하하는 것을 의식하며 귀 뒤쪽 오른손에 그립된 라켓(왼쪽, 오른쪽 가슴뼈가 순간적으로 활처럼 펴지는 느낌을 받으며)은 손목 스냅과 함께 손목을 바깥쪽으로 열어주며 준비 그립에서 포핸드 그립으로 그립 전환한다.

[셔틀콕이 네트를 넘어서 포물선을 그리고 타격하는 위치에 왔을 때]

 등 뒤로 이동시켰던 오른발에 이어서 왼쪽(가슴뼈, 어깨, 팔꿈치)이 의식적으로 회전을 일으키면서 연동의 힘을 오른쪽(가슴뼈, 어깨, 팔꿈치, 그립된 라켓) 회전에 도움을 올리며 동시에 테니스공만큼 들렸던 왼발 앞꿈치는 등 뒤로 착지하면서 지렛대가 되고 왼쪽 가슴뼈가 앞으로 나오면서 자연스런 몸통 회전을 일으키고 머리 뒤로 넘겼던 라켓 헤드(마음 속으로 "둘~, 셋" 셈하는 리듬감 가지고)는 머리 위쪽 높이보다 조금 앞에서 접혔던 팔꿈치가 셔틀콕을 향하면서 펴지고 동시에 지렛대가 된 왼발 앞꿈치를 축으로 오른발이 1시 방향 1보 전진 이동과 함께 오른손에 라켓은 포핸드 그립으로 중지, 약지, 소지를 당겨주고 엄지는 받쳐주고 검지는 눌러 주면서 라켓 헤드의 탄력과 손목이 닫히면서 회전되는 힘을 이용하며 셔틀콕을 타격한다.

[셔틀콕이 스매싱 타격 완성되면-우측 전위 진행(런닝 스텝)]

지렛대가 됐던 왼발 앞꿈치를 기준으로 오버핸드 스윙이 완성되고 오른발이 1시 방향으로 내디디며 착지하고 이어서 순차적으로 왼발, 오른발이 1시 방향으로 내디디며(런닝 스텝) B 포지션에서 준비 그립, 준비 자세 후 스플릿 스텝을 취한다.

(2) 우측 후위 진행(런닝 스텝) 스매싱

[상대편 코트에서 언더 클리어를 우측 후위 쪽 타격을 보면서]

B 포지션에서 준비 그립, 준비 자세를 취했던 스플릿 스텝이

우측 후위 진행 예상 경로로 마중 가는 방향으로 오른발(앞꿈치가 들리면서)의 뒤꿈치를 축으로 틀어 주고 동시에 왼발(뒤꿈치가 들리면서)의 앞꿈치를 축으로 틀어 올리며(스플릿 스텝) 왼손은 떠오르는 셔틀콕을 향해 쭉 뻗어 가리키고 오른손에 그립된 라켓은 어깨 뒤로 20~30° 정도의 각도로 귀 높이까지 가져간다.

[셔틀콕이 우측 후위 진행으로 높게 네트를 향해 오는 셔틀콕을 보면서]
  우측 후위 진행방향으로 틀었던(스플릿 스텝) 몸통에서 왼발을 5시 방향, 이어서 오른발을 5시 방향으로 순차적으로 내디디고 나서 왼발은 테니스공만큼 살짝 들린다.

[네트를 넘어오는 셔틀콕이 상승 정점에서 포물선을 그리고 낙하하는 것을 의식하며]
  귀 뒤쪽 오른손에 그립된 라켓(왼쪽, 오른쪽 가슴뼈가 순간적으로 활처럼 펴지는 느낌을 받으며)은 손목 스냅과 함께 손목을 바깥쪽으로 열어주며 준비 그립에서 포핸드 그립으로 그립 전환한다.

[셔틀콕이 타격되는 위치에 왔을 때]
  5시 방향으로 내디뎠던 오른발에 이어서 왼쪽(가슴뼈, 어깨, 팔꿈치)이 의식적으로 회전을 일으키면서 연동의 힘을 오른쪽(가슴뼈, 어깨, 팔꿈치) 회전에 도움을 올리며 동시에 테니스공만큼

들렸던 왼발 앞꿈치를 등 뒤로 착지하면서 지렛대가 되고 왼쪽 가슴뼈가 뒤로 밀리면서 연동되는 힘을 받았던 오른쪽 가슴뼈가 앞으로 나오면서 자연스런 몸통 회전을 일으키고 머리 뒤로 넘겼던 라켓 헤드(마음 속으로 "둘~, 셋" 셈하는 리듬감을 가지고)는 머리 위쪽 높이보다 조금 앞에서 접혔던 팔꿈치가 셔틀콕을 향하면서 펴지고 동시에 지렛대가 된 왼발 앞꿈치를 축으로 오른발이 12시 방향 1보 전진 이동과 함께 오른손에 그립된 라켓은 손목 스냅과 함께 준비 그립에서 포핸드 그립으로 중지, 약지, 소지를 당겨주고 엄지는 받쳐주고 검지는 눌러 주면서 라켓 헤드의 탄력과 손목이 닫히면서 회전되는 힘을 이용하며 셔틀콕을 타격한다.

(3) 전위 진행(런닝 스텝) 드라이브

[상대편 코트로 넘어간 셔틀콕이 수비 커트로 되치는 것을 보고]

　지렛대가 됐던 왼발 앞꿈치를 축으로 오버핸드 스윙이 완성되고 오른발이 12시 방향으로 착지하고 나서 왼쪽 겨드랑이 사이로 숨겼던 라켓 헤드는 왼발이 12시 방향으로 내디디고 동시에 오른손에 그립된 라켓이 준비 그립을 하고 등 뒤로 내렸던 왼쪽 아래팔과 팔꿈치는 전방을 향하면서 양팔이 삼각형 모양을 만든다.

[네트를 커트로 넘어오는 셔틀콕을 주시하면서]

  라켓을 그립한 오른손은 손목 스냅과 함께 준비 그립에서 포핸드 그립으로 그립 전환하고 그립된 라켓과 손바닥에 헐거운 공간이 있으며 손목은 라켓이 타격되는 면을 높이기 위해 위쪽으로 꺾이고 팔꿈치는 몸통 앞쪽에서 살짝 접히며 오른쪽 어깨 윗 공간으로 라켓 헤드를 옮기며 겨드랑이를 조금 열어준다.

[네트를 넘어서 타격하는 위치에 왔을 때]

  12시 방향으로 내디뎠던 왼발에 이어서 왼쪽 아래팔과 팔꿈치는 아래로 내려서 아래팔을 등 뒤로 향하고 오른발은 크게 12시 방향으로 무릎이 "ㄱ"자를 만들고 내디디면 왼발 뒤꿈치가 들리며 끌리고 오른손에 그립된 라켓 헤드는 내리지 않고 몸통 앞에 둔 팔꿈치는 살짝 접으며 본인 얼굴 앞쪽까지 일정한 공간을 두고 네트를 넘어오는 셔틀콕에 순간적으로 짧게 손목 스냅을 잡아서 가볍게 타격하고 네트를 직선으로 넘기게 된다.

(4) 전위 진행(런닝 스텝) 푸시 - 좌측 후위 진행(런닝 스텝)

[공격적인 드라이브로 네트를 넘겼던 셔틀콕이 네트 앞을 둥 떠서 푸시로 타격하는 위치에 왔을 때]

  전위 진행 공격적인 드라이브 타격과 함께 내디뎠던 오른발에 이어서 왼발을 12시 방향으로 내디디며 오른손에 그립된 라켓은 준비 그립이 되고 등 뒤로 내렸던 왼쪽 아래팔과 팔꿈치는 전방을 향하면서 양팔이 삼각형 모양을 만들고 나서 오른발을 가볍게 12시 방향으로 내서 디딤과 동시에 왼쪽 아래팔과 팔꿈치는 아래로 내려서 등 뒤로 향하고 오른손에 그립된 라켓은 손목 스냅과 함께 준비 그립에서 포핸드 그립으로 그립 전환하고 오른쪽 팔꿈치는 몸통 앞에 두고 라켓 스윙시 네트 위를 넘지 않을 만큼의 공간 확보하고 라켓 헤드는 네트를 넘어오는 셔틀콕에 맞추며 팔꿈치가 50% 정도 펴진다는 느낌을 갖고 왼발 뒤꿈치가 들리며 끌리고 손목 스냅은 순간적인 악력과 함께 눌러 주며(밀어준다는 느낌이 아니고) 셔틀콕을 푸시로 타격한다.

[셔틀콕이 푸시로 타격 완성되면 - 좌측 후위 진행(런닝 스텝)]

  전위 진행 푸시 타격과 함께 내디뎠던 오른발을 등 뒤 7시 방향으로 내디디며 오른손에 그립된 라켓은 준비 그립이 되고 등 뒤로 내렸던 왼쪽 아래팔과 팔꿈치는 전방을 향하면서 양팔이 삼각형 모양을 만들고 나서 왼발도 7시 방향으로 내서 디딘다.(런닝 스텝) 이어서 왼쪽 어깨를 살짝 좌측으로 틀어서 왼발은 7시 방향, 오른발은 1시 방향으로 벌려서 틀어 올린다.(스플릿 스텝)

2) 우측, 좌측 후위 진행 스매싱 & 연속 전위 진행
백핸드 드라이브, 백핸드 푸시

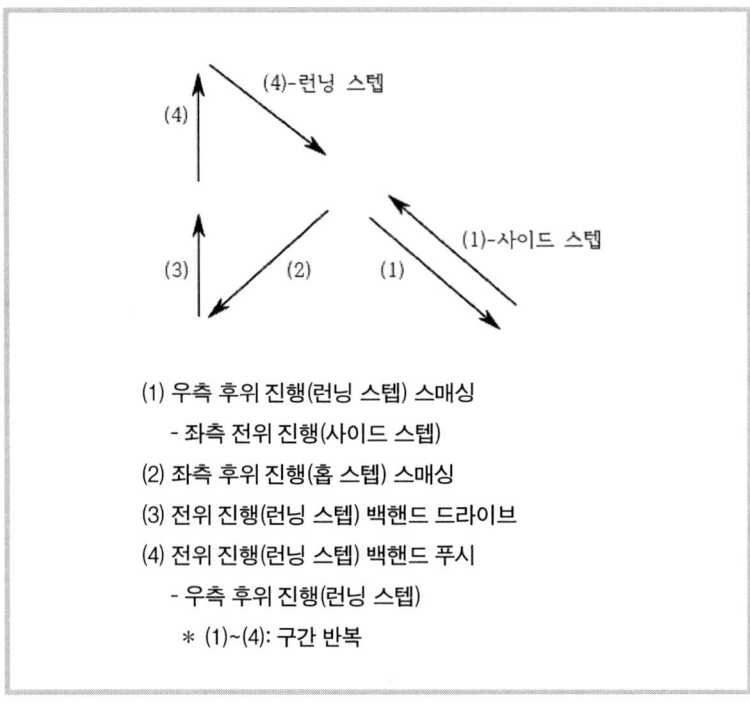

(1) 우측 후위 진행(러닝 스텝) 스매싱
 - 좌측 전위 진행(사이드 스텝)
(2) 좌측 후위 진행(홉 스텝) 스매싱
(3) 전위 진행(러닝 스텝) 백핸드 드라이브
(4) 전위 진행(러닝 스텝) 백핸드 푸시
 - 우측 후위 진행(러닝 스텝)
 * (1)~(4): 구간 반복

 B 포지션에서 준비 자세, 준비 그립을 취한다.

(1) 우측 후위 진행(러닝 스텝) 스매싱 - 좌측 전위 진행(사이드 스텝)

[상대편 코트에서 언더 클리어를 우측 후위 쪽 타격을 보면서]
 우측 후위 진행 예상 경로로 마중 가는 방향으로 오른발(앞꿈

치가 들리면서)의 뒤꿈치를 축으로 틀어 주고 동시에 왼발(뒤꿈치가 들리면서)의 앞꿈치를 축으로 틀어 올리며(스플릿 스텝) 왼손은 떠오르는 셔틀콕을 향해 쭉 뻗어 가리키고 오른손에 그립된 라켓은 어깨 뒤로 20~30° 정도의 각도로 귀 높이까지 가져간다.

[셔틀콕이 우측 후위 진행으로 높게 네트를 향해 오는 셔틀콕을 보면서]

  우측 후위 진행 방향으로 틀었던(스플릿 스텝) 몸통에서 왼발을 5시 방향, 이어서 오른발을 5시 방향으로 순차적으로 내디디고 나서 왼발은 테니스공만큼 살짝 들린다.

[네트를 넘어오는 셔틀콕이 상승 정점에서 포물선을 그리고 낙하하는 것을 의식하며]

  귀 뒤쪽 오른손에 그립된 라켓(왼쪽, 오른쪽 가슴뼈가 순간적으로 활처럼 펴지는 느낌을 받으며)은 손목 스냅과 함께 손목을 바깥쪽으로 열어주며 준비 그립에서 포핸드 그립으로 그립 전환한다.

[셔틀콕이 네트를 넘어서 타격하는 위치에 왔을 때]

  5시 방향으로 내디뎠던 오른발에 이어서 왼쪽(가슴뼈, 어깨, 팔꿈치)이 의식적으로 회전을 일으키면서 연동의 힘을 오른쪽(가슴뼈, 어깨, 팔꿈치, 그립된 라켓) 회전에 도움을 올리며 동시에 테니스공만큼 들렸던 왼발 앞꿈치는 등 뒤로 착지하면서 지렛대가 되고 왼쪽 가슴뼈가 뒤로 밀리면서 연동되는 힘을 받았던 오른쪽 가슴뼈가 앞으로 나오면서 자연스런 몸통 회전을 일으키고 머리 뒤로 넘겼던 라켓 헤드(마음 속으로 "둘~, 셋" 셈하는 리듬감을 가지고)는 머리 위쪽 높이보다 조금 앞에서 접혔던 팔꿈치가 셔틀콕을 향하면서 퍼지고 동시에 지렛대가 된 왼발 앞꿈치를 축으로 오른발이 12시 방향 1보 전진 이동과 함께 오른손에 라켓은 포핸드 그립으로 중지, 약지, 소지를 당겨주고 엄지는 받쳐주고 검지는 눌러 주면서 라켓 헤드의 탄력과 손목이 닫히면서 회전되는 힘을 이용하며 셔틀콕을 타격한다.

[셔틀콕이 스매싱 타격 완성되면-좌측 전위 진행(사이드 스텝)]
 지렛대가 됐던 왼발 앞꿈치를 기준으로 오버핸드 스윙이 완성되고 나서 오른발이 11시 방향으로 왼발 위쪽으로 내디디며 착지하고 나서 왼발도 11시 방향으로 내디디고 이어서 오른발은 왼발 안쪽까지 밀고 나서 왼발은 출발했던 B 포지션까지 이동하고(사이드 스텝) 준비 그립, 준비 자세 후 스플릿 스텝을 취한다.

(2) 좌측 후위 진행(홉 스텝) 스매싱

[상대편 코트에서 언더 틀리어를 좌측 후위 쪽 타격을 보면서]
 좌측 후위 진행 예상 경로로 마중 가는 방향으로 낮게 굽혔던

양쪽 무릎이 왼발은 7시 방향, 오른발은 1시 방향으로 벌려서 틀어 올리며(스플릿 스텝) 왼손은 떠오르는 셔틀콕을 향해 쭉 뻗어 가리키고 오른손에 그립된 라켓은 어깨 뒤로 20~30° 정도의 각도로 귀 높이까지 가져간다.

[셔틀콕이 좌측 후위 진행으로 높게 네트를 향해 오는 셔틀콕을 보면서]

좌측 후위 진행으로 내디뎠던 왼발 앞꿈치를 축으로 7시 방향에서 8시 방향으로 틀어 주면서 셔틀콕과의 거리를 보며 왼발 뜀뛰기(홉 스텝)를 하고 나서 오른발을 등 뒤로 이동시키고 나면 왼발이 테니스공만큼 들리면서 네트를 넘어오는 셔틀콕이 상승 정점에서 포물선을 그리고 낙하하는 것을 의식하며 귀 뒤쪽 오른손에 그립된 라켓(왼쪽, 오른쪽 가슴뼈가 순간적으로 활처럼 펴지는 느낌을 받으며)은 손목스냅과 함께 손목을 바깥쪽으로 열어주며 준비 그립에서 포핸드 그립으로 그립 전환한다.

[셔틀콕을 타격하는 위치에 왔을 때]

등 뒤로 이동시켰던 오른발에 이어서 왼쪽(가슴뼈, 어깨, 팔꿈치)이 의식적으로 회전을 일으키면서 연동의 힘을 오른쪽(가슴뼈, 어깨, 팔꿈치, 그립된 라켓) 회전에 도움을 올리며 동시에 테니스공만큼 들렸던 왼발 앞꿈치를 등 뒤로 등 뒤로 착지하면서 지렛대가 되고 왼쪽 가슴뼈가 뒤로 밀리면서 연동되는 힘을 받았던 오른쪽 가슴뼈가 앞으로 나오면서 자연스런 몸통 회전을 일으키고 머리 뒤로 넘겼던 라켓 헤드(마음속으로 "둘~, 셋" 셈하는 리듬감을 가지고)는 머리 위쪽 높이보다 조금 앞에서 접혔던 팔꿈치가 셔틀콕을 향하면서 펴지고 동시에 지렛대가 된 왼발 앞꿈치를 축으로 오른발이 12시 방향 1보 전진 이동과 함께 오른손에 그립된 라켓은 포핸드 그립으로 중지, 약지, 소지를 당겨주고 엄지는 받쳐 주고 검지는 눌러 주면서 라켓 헤드의 탄력과 손목이 닫히면서 회전되는 힘을 이용하며 셔틀콕을 타격한다.

[상대편 코트로 넘어간 셔틀콕이 수비 커트로 되치는 것을 보고]
　지렛대가 됐던 왼발 앞꿈치를 축으로 오버핸드 스윙이 완성되고 오른발이 12시 방향으로 착지하고 나서 왼쪽 겨드랑이 사이로 숨겼던 라켓 헤드는 왼발이 12시 방향으로 내디디고 동시에 오른손에 그립된 라켓이 준비 그립을 하고 등 뒤로 내렸던 왼쪽 아래팔과 팔꿈치는 전방을 향하면서 양팔이 삼각형 모양을 만든다.

(3) 전위 진행(러닝 스텝) 백핸드 드라이브

[네트를 커트로 넘어오는 셔틀콕을 주시하면서]
　라켓을 그립한 오른손은 손목 스냅과 함께 준비 그립에서 백핸드 그립으로 그립 전환하고 그립된 라켓과 손바닥에 헐거운

공간이 있으며 손목은 라켓이 타격되는 면을 높이기 위해 위쪽으로 꺾이고 팔꿈치는 몸통 앞쪽에서 살짝 접히며 왼쪽 어깨 윗공간으로 라켓 헤드를 옮기며 겨드랑이를 조금 열어준다.

[네트를 넘어서 타격되는 위치에 왔을 때]

    12시 방향으로 내디뎠던 왼발에 이어서 왼쪽 아래팔과 팔꿈치는 아래로 내려서 아래팔을 등 뒤로 향하고 오른발을 크게 11시 방향으로 무릎이 "ㄱ"자를 만들고 내디디면 왼발 뒤꿈치가 들리며 끌리고 그립된 라켓 헤드를 내리지 않고 몸통 앞에 둔 팔꿈치를 살짝 접으며 본인 얼굴 앞쪽까지 일정한 공간을 두고 네트를 넘어오는 셔틀콕에 순간적으로 짧게 손목 스냅을 잡아서 가볍게 타격되고 네트를 직선으로 넘기게 된다.

(4) 전위 진행(런닝 스텝) 백핸드 푸시 - 우측 후위 진행(런닝 스텝)

[공격적인 드라이브로 네트를 넘겼던 셔틀콕이 네트 앞을 둥 떠서 푸시로 타격하는 위치에 왔을 때]

    전위 진행 공격적인 드라이브 타격과 함께 내디뎠던 오른발에 이어서 왼발을 12시 방향으로 내디디며 오른손에 그립된 라켓은 준비 그립이 되고 등 뒤로 내렸던 왼쪽 아래팔과 팔꿈치는 전방을 향하면서 양팔이 삼각형 모양을 만들고 나서 오른발을 가볍게 11시 방향으로 내서 디딤과 동시에 왼쪽 아래팔과 팔꿈치는 아래로 내려서 아래팔을 등 뒤로 향하고 오른손에 그립된 라켓은 손목 스냅과 함께 준비 그립에서 백핸드 그립으로 그립 전환하고 오른쪽 팔꿈치는 몸통 앞에 두고 왼쪽 어깨 윗 공간으로 라켓 헤드를 옮기고 라켓 스윙시 네트 위를 넘지 않을 만큼의 공간 확보하고 라켓 헤드는 네트를 넘어오는 셔틀콕에 맞추며 팔꿈치가 50% 정도 펴진다는 느낌을 갖고 왼발 뒤꿈치가 들리며 끌리고 손목 스냅은 순간적인 악력과 함께 눌러주면(밀어준다는 느낌이 아니고) 셔틀콕을 푸시로 타격한다.

[셔틀콕이 푸시로 타격 완성되면-우측 후위 진행(런닝 스텝)]

전위 진행 푸시 타격과 함께 내디뎠던 오른발을 등 뒤 5시 방향으로 내디디며 오른손에 그립된 라켓은 준비 그립이 되고 등 뒤로 내렸던 왼쪽 아래팔과 팔꿈치는 전방을 향하면서 양팔이 삼각형 모양을 만들고 나서 왼발을 등 뒤 5시 방향으로 내디딘다. (런닝 스텝) 이어서 오른쪽 어깨를 살짝 우측으로 틀면서 오른발은 5시 방향, 왼발은 11시 방향으로 벌려서 틀어 올린다. (스플릿 스텝)

3

좌우 후위 진행 스매싱 &
연속 전위 진행 드라이브, 푸시 &
사이드 진행 푸시

1) 우측 후위 진행 스매싱 & 연속 전위 진행 포핸드 드라이브, 포핸드 푸시 & 사이드 진행 백핸드 푸시

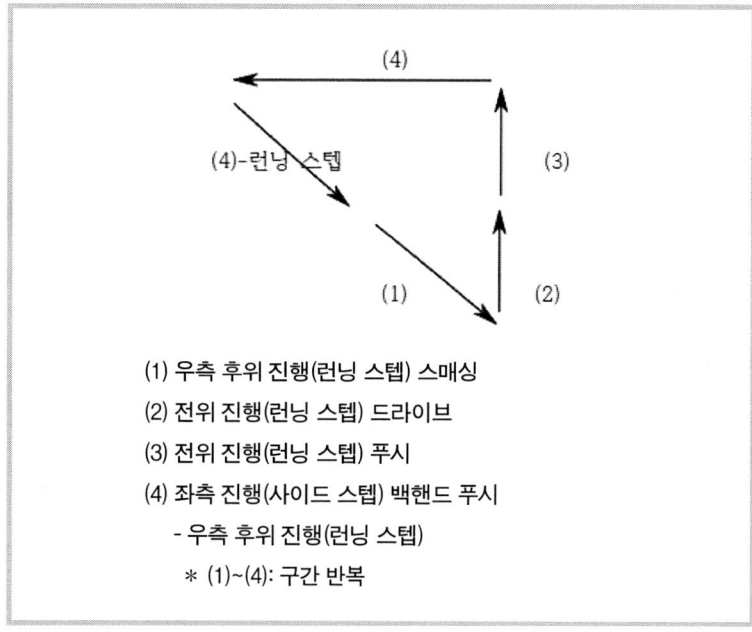

(1) 우측 후위 진행(러닝 스텝) 스매싱
(2) 전위 진행(러닝 스텝) 드라이브
(3) 전위 진행(러닝 스텝) 푸시
(4) 좌측 진행(사이드 스텝) 백핸드 푸시
 - 우측 후위 진행(러닝 스텝)
 * (1)~(4): 구간 반복

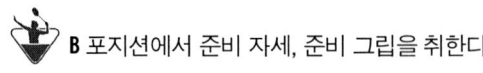 B 포지션에서 준비 자세, 준비 그립을 취한다.

(1) 우측 후위 진행(런닝 스텝) 스매싱

[상대편 코트에서 언더 클리어를 우측 후위 쪽 타격을 보면서]
 우측 후위 진행 예상 경로로 마중가는 방향으로 오른발(앞꿈치가 들리면서)의 뒤꿈치를 축으로 틀어 주고 동시에 왼발(뒤꿈치가 들리면서)의 앞꿈치를 축으로 틀어 올리며(스플릿 스텝) 왼손은 떠오르는 셔틀콕을 향해 쭉 뻗어 가리키고 오른손에 그립된 라켓은 어깨 뒤로 20~30° 정도의 각도로 귀 높이까지 가져간다.

[셔틀콕이 우측 후위 진행으로 높게 네트를 향해 오는 셔틀콕을 보면서]
 우측 후위 진행으로 틀었던(스플릿 스텝) 몸통에서 왼발을 5시 방향, 이어서 오른발을 5시 방향으로 순차적으로 내디디고 나서 왼발은 테니스공만큼 살짝 들린다.

[네트를 넘어오는 셔틀콕이 상승 정점에서 포물선을 그리고 낙하하는 것을 의식하며]
 귀 뒤쪽 오른손에 그립된 라켓(왼쪽, 오른쪽 가슴뼈가 순간적으로 활처럼 펴지는 느낌을 받으며)은 손목 스냅과 함께 손목을 바깥쪽

으로 열어주며 준비 그립에서 포핸드 그립으로 그립 전환한다.

[셔틀콕이 네트를 넘어서 타격하는 위치에 왔을 때]

   5시 방향으로 내디뎠던 오른발에 이어서 왼쪽(가슴뼈, 어깨, 팔꿈치)이 의식적으로 회전을 일으키면서 연동의 힘을 오른쪽(가슴뼈, 어깨, 팔꿈치, 그립된 라켓) 회전에 도움을 올리며 동시에 테니스공만큼 들렸던 왼발 앞꿈치를 등 뒤로 착지하면서 지렛대가 되고 왼쪽 가슴뼈가 뒤로 밀리면서 연동의 힘을 받았던 오른쪽 가슴뼈가 앞으로 나오면서 자연스런 몸통 회전을 일으키고 머리 뒤로 넘겼던 라켓 헤드(마음속으로 "둘~, 셋" 셈하는 리듬감을 가지고)는 머리 위쪽 높이보다 조금 앞에서 접혔던 팔꿈치가 셔틀콕을 향하면서 펴지고 동시에 지렛대가 된 왼발 앞꿈치를 축으로 오른발이 12시 방향 1보 전진 이동과 함께 오른손에 그립된 라켓은 손목 스냅과 함께 준비 그립에서 포핸드 그립으로 중지, 약지, 소지를 당겨주고 엄지는 받쳐주고 검지는 눌러 주면서 라켓 헤드의 탄력과 손목이 닫히면서 회전되는 힘을 이용하며 셔틀콕을 타격한다.

(2) 전위 진행(런닝 스텝) 드라이브

[상대편 코트로 넘어간 셔틀콕이 수비 커트로 되치는 것은 보면서]

   지렛대가 됐던 왼발 앞꿈치를 축으로 오버핸드 스윙이 완성되고 오른발이 12시 방향으로 착지하고 나서 왼쪽 겨드랑이 사이로 숨겼던 라켓 헤드는 왼발이 12시 방향으로 내디디고 동시에 오른손에 그립된 라켓이 준비 그립이 되고 등 뒤로 내렸던 왼쪽 아래팔과 팔꿈치는 전방을 향하면서 양팔이 삼각형 모양을 만든다.

[네트를 커트로 넘어오는 셔틀콕을 주시하며]

 라켓을 그립한 오른손은 손목 스냅과 함께 준비 그립에서 포핸드 그립으로 그립 전환하고 그립된 라켓과 손바닥에 헐거운 공간이 있으며 손목은 라켓이 타격하는 면을 높이기 위해 위쪽으로 꺾이고 팔꿈치는 몸통 앞쪽에서 살짝 접히며 오른쪽 어깨 윗 공간으로 라켓 헤드를 옮기며 겨드랑이를 조금 열어준다.

[네트를 넘어서 타격하는 위치에 왔을 때]

 12시 방향으로 내디뎠던 왼발에 이어서 왼쪽 아래팔과 팔꿈치는 아래로 내려서 아래팔을 등 뒤로 향하고 오른발은 크게 12시 방향으로 무릎이 "ㄱ"자를 만들고 내디디면 왼발 뒤꿈치가 들리며 끌리고 오른손에 그립된 라켓 헤드를 내리지 않고 몸통 앞에 둔 팔꿈치를 살짝 접으며 본인 얼굴 앞쪽까지 일정한 공간을 두고 네트를 넘어오는 셔틀콕에 순간적으로 짧게 손목 스냅을 잡아서 가볍게 타격하고 네트를 직선으로 넘기게 된다.

(3) 전위 진행(러닝 스텝) 푸시

[공격적인 드라이브로 네트를 넘겼던 셔틀콕이 네트 앞을 둥 떠서 푸시로 타격하는 위치에 왔을 때]

　전위 진행 공격적인 드라이브 타격과 함께 내디뎠던 오른발에 이어서 왼발을 12시 방향으로 내디디며 오른손에 그립된 라켓은 준비 그립이 되고 등 뒤로 내렸던 왼쪽 아래팔과 팔꿈치는 전방을 향하면서 양팔이 삼각형 모양을 만들고 나서 오른발을 가볍게 12시 방향으로 내서 디딤과 동시에 왼쪽 아래팔과 팔꿈치는 아래로 내려서 등 뒤로 향하고 오른손에 그립된 라켓은 손목 스냅과 함께 준비 그립에서 포핸드 그립으로 그립 전환하고 오른쪽 팔꿈치는 몸통 앞에 두고 라켓 스윙 시 네트 위를 넘지 않을 만큼의 공간 확보하고 라켓 헤드는 네트를 넘어오는 셔틀콕에 맞추며 팔꿈치가 50% 정도 펴진다는 느낌을 갖고 왼발 뒤꿈치가 들리며 끌리고 손목 스냅은 순간적인 악력과 함께 눌러주면(밀어준다는 느낌이 아니고) 셔틀콕을 푸시로 타격한다.

(4) 좌측 진행(사이드 스텝) 백핸드 푸시 - 우측 후위 진행(러닝 스텝)

[셔틀콕이 푸시로 타격 완성되고 상대편 코트에서 크로스 커트로 띄우는 타격을 보면서]

　셔틀콕 타격과 함께 12시 방향으로 내디뎠던 오른발은 왼발 안쪽까지 좌측 후위 진행하고 등 뒤로 내렸던 왼쪽 아래팔은 전방을 향하면서 오른손에 그립된 라켓은 준비 그립이 되고 양팔이 삼각형 모양을 만들고 이어서 왼발은 탄력 있게 좌측 진행으로 밀고(좌측 진행 - 사이드 스텝) 오른발은 왼발 안쪽까지 자연스럽게 따라오고 나서 라켓 헤드를 낮추지 않고 오른손에 그립된 라켓은 손목 스냅과 함께 백핸드 그립으로 그립 전환하고 팔꿈치는 몸통 앞에 두고 라켓 스윙시 네트 위를 넘지 않을 만큼의 공간 확보(라켓 헤드는 네트를 넘어오는 셔틀콕에 맞추며 팔꿈치가 50% 정도 펴진다는 느낌) 한다.

[네트 위를 넘어 셔틀콕이 백핸드 푸시로 타격하는 위치에 왔을 때]
　왼쪽 아래팔과 팔꿈치는 아래로 내려서 등 뒤로 향하고 왼발 안쪽까지 따라왔던 오른발은 11시 방향으로 내디딤과 함께 백핸드 그립 손목 스냅으로 셔틀콕을 푸시로 타격한다.

[셔틀콕이 백핸드 푸시로 타격 완성되면-우측 후위 진행(런닝 스텝)]
　11시 방향으로 내디뎠던 오른발을 등 뒤 5시 방향으로 내디디며 오른손에 그립된 라켓은 준비 그립이 되고 등 뒤로 내렸던 왼쪽 아래팔과 팔꿈치는 전방을 향하면서 양팔이 삼각형 모양을 만들고 나서 왼발을 등 뒤 5시 방향으로 내디딘다. (런닝 스텝) 이어서 오른쪽 어깨를 살짝 우측으로 틀면서 오른발은 5시 방향, 왼발은 11시 방향으로 벌려서 틀어 올린다. (스플릿 스텝)

2) 좌측 후위 진행 스매싱 & 연속 전위 진행 백핸드 드라이브, 백핸드 푸시 & 사이드 진행 포핸드 푸시

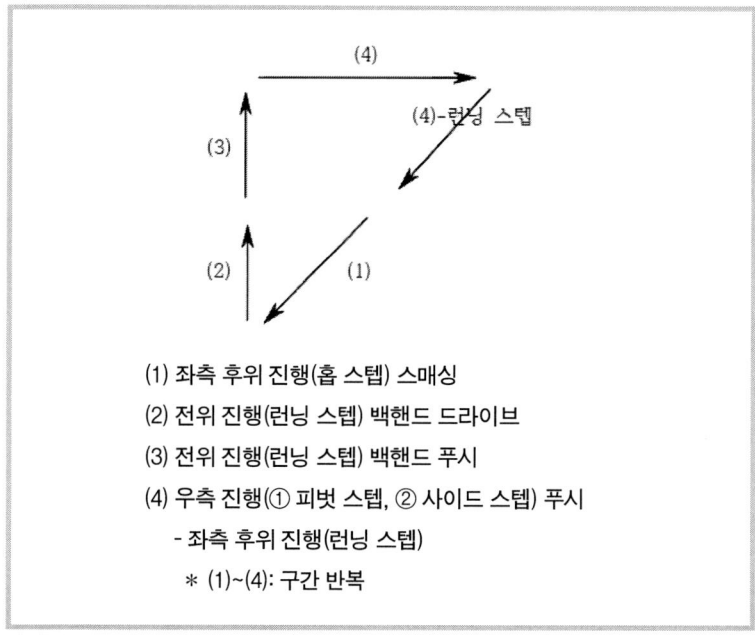

(1) 좌측 후위 진행(홉 스텝) 스매싱
(2) 전위 진행(런닝 스텝) 백핸드 드라이브
(3) 전위 진행(런닝 스텝) 백핸드 푸시
(4) 우측 진행(① 피벗 스텝, ② 사이드 스텝) 푸시
 - 좌측 후위 진행(런닝 스텝)
 * (1)~(4): 구간 반복

 B 포지션에서 준비 자세, 준비 그립을 취한다.

(1) 좌측 후위 진행(홉 스텝) 스매싱

[상대편 코트에서 언더 클리어를 좌측 후위 쪽 타격을 보면서]

좌측 후위 진행 예상 경로로 마중가는 방향으로 낮게 굽혔던 양쪽 무릎이 왼발은 7시 방향, 오른발은 1시 방향으로 벌려서 틀어 올리며(스플릿 스텝) 왼손은 상방으로 떠오르는 셔틀콕을 향해 쭉 뻗어 가리키고 오른손에 그립된 라켓은 어깨 뒤로 20~30° 정도의 각도로 귀 높이까지 가져간다.

[셔틀콕이 좌측 후위 진행으로 높게 네트를 향해 오는 셔틀콕을 보면서]

 좌측 후위 진행으로 내디뎠던 왼발 앞꿈치를 축으로 7시 방향에서 8시 방향으로 틀어 주면서 셔틀콕과의 거리를 보며 왼발 뜀뛰기(홉 스텝)를 하고 나서 오른발을 등 뒤로 이동시키고 나면 왼발이 테니스공만큼 들린다.

[네트를 넘어오는 셔틀콕이 상승 정점에서 포물선을 그리고 낙하하는 것을 의식하며]

 귀 뒤쪽 오른손에 그립된 라켓은(왼쪽, 오른쪽 가슴뼈가 순간적으로 활처럼 펴지는 느낌을 받으며) 손목 스냅과 함께 손목을 바깥쪽으로 열어주며 준비 그립에서 포핸드 그립으로 그립 전환한다.

[셔틀콕이 네트를 넘어서 타격하는 위치에 왔을 때]

 등 뒤로 이동시켰던 오른발에 이어서 왼쪽(가슴뼈, 어깨, 팔꿈치)이 의식적으로 회전을 일으키면서 연동의 힘을 오른쪽(가슴뼈, 어깨, 팔꿈치, 그립된 라켓) 회전에 도움을 올리며 동시에 테니스공만큼 들렸던 왼발 앞꿈치는 등 뒤로 착지하면서 지렛대가 되고 왼쪽 가슴뼈가 앞으로 나오면서 자연스런 몸통 회전을 일으키고 머리 뒤로 넘겼던 라켓 헤드(마음속으로 "둘~, 셋" 셈하는 리듬감을 가지고)는 머리 위쪽 높이보다 조금 앞에서 접혔던 팔꿈치가 셔틀콕을 향하면서 펴지고 동시에 지렛대가 된 왼발 앞꿈치를 축으로 오른발이 12시 방향 1보 전진 이동과 함께 오른손에 그립된 라켓은 포핸드 그립으로 중지, 약지, 소지를 당겨주고 엄지는 받쳐주고 검지는 눌러주면서 라켓 헤드의 탄력과 손목이 닫히면서 회전되는 힘을 이용하며 셔틀콕을 타격한다.

(2) 전위 진행(러닝 스텝) 백핸드 드라이브

[상대편 코트로 넘어간 셔틀콕이 수비 커트로 되치는 것을 보고]
지렛대가 됐던 왼발 앞꿈치를 축으로 오버핸드 스윙이 완성되고 오른발이 12시 방향으로 착지하고 나서 왼쪽 겨드랑이 사이로 숨겼던 라켓 헤드는 왼발이 12시 방향으로 내디디고 동시에 오른손에 그립된 라켓이 준비 그립이 되고 등 뒤로 내렸던 왼쪽 아래팔과 팔꿈치는 전방을 향하면서 양팔이 삼각형 모양을 만든다.

[네트를 커트로 넘어오는 셔틀콕을 주시하며]
라켓을 그립한 오른손은 손목 스냅과 함께 준비 그립에서 백핸드 그립으로 그립 전환하고 그립된 라켓과 손바닥에 헐거운

공간이 있으며 손목은 라켓이 타격되는 면을 높이기 위해 위쪽으로 꺾이고 팔꿈치는 몸통 앞쪽에서 살짝 접히며 왼쪽 어깨 윗공간으로 헤드를 옮기며 겨드랑이를 조금 열어준다.

[네트를 넘어서 타격하는 위치에 왔을 때]

　12시 방향으로 내디뎠던 왼발에 이어서 왼쪽 아래팔과 팔꿈치는 아래로 내려서 아래팔을 등 뒤로 향하고 오른발은 크게 11시 방향으로 무릎이 "ㄱ"자를 만들고 내디디면 왼발 뒤꿈치가 들리며 끌리고 그립된 라켓 헤드를 내리지 않고 몸통 앞에 둔 팔꿈치를 살짝 접으며 본인 얼굴 앞쪽까지 일정한 공간을 두고 네트를 넘어오는 셔틀콕에 순간적으로 짧게 손목 스냅을 잡아서 가볍게 타격하고 네트를 직선으로 넘기게 된다.

(3) 전위 진행(러닝 스텝) 백핸드 푸시

[공격적인 드라이브로 네트를 넘겼던 셔틀콕이 네트 앞을 둥 떠서 푸시로 타격하는 위치에 왔을 때]

　전위 진행 공격적인 드라이브 공격과 함께 내디뎠던 오른발에 이어서 왼발을 12시 방향으로 내디디며 오른손에 그립된 라켓은 준비 그립이 되고 등 뒤로 내렸던 왼쪽 아래팔과 팔꿈치는 전방을 향하면서 양팔이 삼각형 모양을 만들고 나서 오른발을 가볍게 11시 방향으로 내서 디딤과 동시에 왼쪽 아래팔과 팔꿈치는 아래로 내려서 아래팔을 등 뒤로 향하고 오른손에 그립된 라켓은 손목 스냅과 함께 준비 그립에서 백핸드 그립으로 그립 전환하고 오른쪽 팔꿈치는 몸통 앞에 두고 왼쪽 어깨 윗 공간으로 라켓 헤드를 옮기고 라켓 스윙이 네트를 넘어오는 서틀콕에 맞추며 팔꿈치가 50% 정도 펴진다는 느낌을 갖고 왼발 뒤꿈치가 들리며 끌리고 손목 스냅은 순간적인 악력과 함께 눌러주면 (밀어준다는 느낌이 아니고) 서틀콕을 푸시로 타격한다.

(4) 우측 진행(① 피벗 스텝, ② 사이드 스텝) 푸시 - 좌측 후위 진행(런닝 스텝)

[서틀콕이 백핸드 푸시로 타격 완성되고 상대편 코트에서 크로스 커트로 띄우는 타격을 보면서]

　11시 방향으로 내디뎠던 오른발은 왼발 안쪽을 지나서 오른발 앞꿈치를 3시 방향으로 이동(피벗 스텝)하고 자연스럽게 왼발 앞꿈치는 11시 방향에서 12시 방향으로 틀어지고 등 뒤로 내렸던 왼쪽 아래팔은 전방을 향하면서 오른손에 그립된 라켓은 준비 그립이 되고 등 뒤로 내렸던 왼쪽 아래팔과 팔꿈치는 전방을 향하면서 양팔이 삼각형 모양을 만들고 이어서 왼발은 오른발 안쪽까지 밀고(우측 진행-사이드 스텝) 나서 라켓 헤드를 낮추지 않고 손목 스냅과 함께 포핸드 그립으로 전환 그립하고 팔꿈치는 몸통 앞에 두고 라켓 스윙 시 네트 위를 넘지 않을 만큼의 공간 확보(라켓 헤드는 네트를 넘어오는 셔틀콕에 맞추며 팔꿈치가 50% 정도 펴진다는 느낌) 한다.

[네트 위를 넘어 셔틀콕이 푸시로 타격하는 위치에 왔을 때]

　왼쪽 아래팔과 팔꿈치는 아래로 내려서 아래팔을 등 뒤로 향하고 오른발 안쪽까지 밀었던 왼발에 이어서 오른발을 1시 방향으로 내디딤과 함께 포핸드 그립 손목 스냅으로 셔틀콕을 푸시로 타격한다.

[셔틀콕이 푸시로 타격 완성되면-좌측 후위 진행(런닝 스텝)]

　1시 방향으로 내디뎠던 오른발을 등 뒤 7시 방향으로 내디디며 오른손에 그립된 라켓은 준비 그립이 되고 등 뒤로 내렸던 왼쪽 아래팔과 팔꿈치는 전방을 향하면서 양팔이 삼각형 모양을 만들고 나서 왼발도 7시 방향으로 내서 디딘다(런닝 스텝). 이어서 왼쪽 어깨를 살짝 좌측으로 틀면서 오른발은 1시 방향, 왼발은 7시 방향으로 벌려서 틀어 올린다(스플릿 스텝).

도움 주신 분들

김명수, 김명조, 이은숙, 정봉해, 임선영, 손용태, 김용훈, 노미애, 우지윤, 박상미, 소선화, 하경미, 윤소영, 이동규, 김영석, 안다희, 서현, 수현 등 많은 분께 감사합니다.